BestMasters

Mit „BestMasters“ zeichnet Springer die besten Masterarbeiten aus, die an renommierten Hochschulen in Deutschland, Österreich und der Schweiz entstanden sind. Die mit Höchstnote ausgezeichneten Arbeiten wurden durch Gutachter zur Veröffentlichung empfohlen und behandeln aktuelle Themen aus unterschiedlichen Fachgebieten der Naturwissenschaften, Psychologie, Technik und Wirtschaftswissenschaften.
Die Reihe wendet sich an Praktiker und Wissenschaftler gleichermaßen und soll insbesondere auch Nachwuchswissenschaftlern Orientierung geben.

Weitere Bände in der Reihe http://www.springer.com/series/13198

Julia Merkle

Die Schaffung eines Einheitlichen Patentgerichts

Das EPGÜ und die Zuständigkeit der Gerichte in der Übergangszeit

Springer Gabler

Julia Merkle
Mannheim, Deutschland

BestMasters
ISBN 978-3-658-20448-8 ISBN 978-3-658-20449-5 (eBook)
https://doi.org/10.1007/978-3-658-20449-5

Die Deutsche Nationalbibliothek verzeichnet diese Publikation in der Deutschen Nationalbibliografie; detaillierte bibliografische Daten sind im Internet über http://dnb.d-nb.de abrufbar.

Springer Gabler

Gedruckt auf säurefreiem und chlorfrei gebleichtem Papier

Springer Gabler ist Teil von Springer Nature
Die eingetragene Gesellschaft ist Springer Fachmedien Wiesbaden GmbH
Die Anschrift der Gesellschaft ist: Abraham-Lincoln-Str. 46, 65189 Wiesbaden, Germany

Inhaltsverzeichnis

Abkürzungsverzeichnis

ABl.	Amtsblatt der Europäischen Union
AEUV	Vertrag über die Arbeitweise der Europäischen Union
BGH	Bundesgerichtshof
BPatG	Bundespatentgericht
DPMA	Deutsches Patent- und Markenamt
EPatVO	Einheitspatentverordnung
EPGÜ	Übereinkommen über ein Einheitliches Patentgericht
EPO	Europäische Patentorganisation
EPÜ	Übereinkommen über die Erteilung europäischer Patente
EuGH	Europäischer Gerichtshof
EuGVVO	Verordnung des Europäischen Parlaments und des Rates vom 12. Dezember 2012 über die gerichtliche Zuständigkeit und die Anerkennung und Vollstreckung von Entscheidungen in Zivil- und Handelssachen
EuZW	Europäische Zeitschrift für Wirtschaftsrecht
GKG	Gerichtskostengesetz
GRUR	Gewerblicher Rechtsschutz und Urheberrecht
GRUR Int.	Gewerblicher Rechtsschutz und Urheberrecht Internationaler Teil
IIC	International Review of Intellectual Property and Competition Law
IntPatÜG	Gesetz zu dem Übereinkommen vom 27. November 1963 zur Vereinheitlichung gewisser Begriffe des materiellen Rechts der Erfindungspatente, dem Vertrag vom 19. Juni 1970 über die internationale Zusammenarbeit auf dem Gebiet des Patentwesens und dem Übereinkommen vom 5. Oktober 1973 über die Erteilung europäischer Patente

LG	Landgericht
Mitt.	Mitteilungen der deutschen Patentanwälte
PatG	Patentgesetz
PCT	Patent Cooperation Treaty
RVG	Gesetz über die Vergütung der Rechtsanwältinnen und Rechtsanwälte
VO	Verordnung
VPP	Vereinigung von Fachleuten des Gewerblichen Rechtsschutzes
WIPO	World Intellectual Property Organization
ZPO	Zivilprozessordnung

A. Einleitung

Durch ein Patent sollen innovative Produkte und Verfahren vor unerwünschter Nachahmung geschützt werden. Ein Patentinhaber kann sich so eine exklusive Positionierung am Markt sichern. Man kann aber auch das Schutzrecht verkaufen oder eine Lizenz vergeben. Darüber hinaus stärkt der Schutz von Patenten Unternehmen im globalen Wettbewerb. Das Patentportfolio ist ein wichtiger Wert des Unternehmenseigentums und verrät die innovative Kraft eines Unternehmens. Im Technologietransfer können sie helfen, neue Partner für Kooperationen zu finden oder Fördermittel einzuwerben. [1]

Was kann aber genau patentiert werden? Patentierbar sind Erfindungen auf dem Gebiet der Technik. [2] Gemäß § 1 Abs. 1 PatG sind die Kriterien für die Patentierbarkeit einer Erfindung:

- Neuheit,
- Beruhen auf einer erfinderischen Tätigkeit sowie
- die gewerbliche Anwendbarkeit.

Ein Patent entsteht durch einen öffentlich-rechtlichen Erteilungsakt. Dieser Verwaltungsakt wirkt rechtsbegründend. Der Wirkung nach ist das Patent hingegen kein öffentlich-rechtliches, sondern ein privates, bürgerliches Recht, wie das Eigentum. Es ist außerdem ein absolutes Recht und wirkt damit gegenüber jedermann. [3] Mit Erteilung des Patents sichert sich der Patentanmelder eine Monopolstellung für seine Innovation. Dafür muss er im Gegenzug seine Erfindung der Öffentlichkeit gegenüber offenbaren. Dies geschieht durch Publikation der Patentdokumente (§ 32 PatG) durch das Patentamt.[4] Der Inhalts des Patents ergibt sich aus der Patentschrift, § 58 Abs. 1 S. 2 PatG. Neben der Nennung des Erfinders (§ 63 Abs. 1 S. 1 PatG), umfasst sie die Patentansprüche, die Patentbeschreibung sowie ggf. Patentzeichnungen nach § 32 Abs. 2 PatG.[5] Ab dem Tag nach der Anmeldung beträgt die Schutzdauer gem. § 16 PatG 20 Jahre.

Möchte man in Deutschland eine Patentverletzung gerichtlich geltend machen, so führt der Weg vor das nationale Gericht (§§ 140 b, 142 PatG). Dies ist aber nicht nur bei nationalen Patenten, sondern auch bei sog. europäischen Patenten der Fall. Das europäische Patent wird beim europäischen Patentamt angemeldet und gilt in den jeweils

[1] Vgl. Deutsches Marken- und Patentamt (nachfolgend: DPMA), Patentschutz (Stand 11.07.2014), URL: http://www.dpma.de/patent/patentschutz/index.html (Zugriff am 08.04.2016).
[2] Vgl. DPMA, Patentschutz (Stand 11.07.2014), URL: http://www.dpma.de/patent/patentschutz/index.html (Zugriff am 08.04.2016).
[3] Vgl. Benkard/Bacher, § 1 PatG Rn. 2 f.
[4] Vgl. DPMA, Patentinformation (Stand 10.02.2014), URL: http://www.dpma.de/patent/patentinformation/index.html (Zugriff am 08.04.2016).
[5] Vgl. Benkard/Bacher, § 1 PatG Rn. 3.

angemeldeten Ländern. Allerdings entfaltet das Patent keine einheitliche Wirkung, sondern „zerfällt“ bei Erwerb in einzelne europäische Schutzrechte.[6] So müssen die Rechte dann in den jeweils angemeldeten Ländern geltend gemacht werden.

Anders als der Name „europäisches Patent“ also vermuten lässt, gibt es hier also gar keinen europaweit einheitlichen Patentschutz. Es bezeichnet vielmehr lediglich ein beim Europäischen Patentamt zentralisiertes Patentverfahren.[7] Mit Inkrafttreten des EPGÜ (Übereinkommen über ein Einheitliches Patentgericht) voraussichtlich Anfang 2017[8] wird sich das ändern. Es bewirkt die Einführung des europäischen Patents mit einheitlicher Wirkung (europäisches Einheitspatent) und eines Einheitlichen Patentgerichtssystems. Dieses neue Patent soll einheitlich in der gesamten EU gelten und „zerfällt“, anders als das bereits existierende europäische Patent, nicht. Verletzungen dieses Patentes werden künftig vor dem Europäischem Einheitsgericht geltend gemacht und nicht wie bisher vor den nationalen Gerichten.

Mit dem Einheitspatentsystem entsteht also etwas völlig Neues: ein neues Gericht sowie neue prozessrechtliche und materiellrechtliche Regelungen.[9]

Die Zuständigkeit des neuen Gerichts erstreckt sich aber nicht nur das neue europäische Einheitspatent, sondern auch auf das bereits existierende europäische Patent. Bevor das einheitliche Patentgericht allerdings ausschließlich für das europäische Patent zuständig ist, können während einer Übergangszeit von sieben Jahren Verletzungs- und Nichtigkeitsklagen, ein europäisches Patent betreffend, sowohl vor dem nationalen Gericht, als auch vor dem einheitlichen Patentgericht erhoben werden. Für eine gewisse Zeit arbeiten also beide Gerichtssysteme parallel nebeneinander. Sind damit vielleicht sogar verschiedene Urteile zu einem europäischen Patent möglich?

Das Verhältnis und der Einfluss der beiden Verfahren in der Übergangszeit sollen in dieser Arbeit analysiert werden. Dabei geht es insbesondere um die zwei Möglichkeiten, das Einheitsgericht während der Übergangszeit auszuschließen. Diese sollen voneinander abgegrenzt und hinsichtlicher ihrer Bedeutung und Auswirkung näher betrachtet werden. Bei der Wahl des nationalen Gerichts ist zudem fraglich, ob dennoch das EPGÜ zur Anwendung kommt. Ebenso soll ein Blick auf den Einfluss des nationalen Rechts auf das Einheitliche Patentgericht geworfen werden. Um zu entscheiden, ob ein Ausschluss des Einheitlichen Patentgerichts in der Übergangszeit überhaupt in Frage kommt, sollen außerdem im Rahmen von taktischen Überlegungen die Vor- und Nachteile der beiden Gerichtsverfahren abgewogen werden. Zuallererst werden aber das

[6]DPMA, Europäische und Nationale Patente (Stand 13.07.2013), URL: http://www.dpma.de/patent/patentschutz/europaeischeundinternationalepatente/ index.html (Zugriff am 08.04.2016).

[7]Vgl. Eck, GRUR Int. 2014, 114.

[8]Vgl. Europäsches Patentamt, Annual Report 2015 - Highlights of 2015, URL: https://www.epo.org/about-us/annual-reports-statistics/annual-report/2015/highlights/unitary-patent.html (Zugriff am 08 04.2016).

[9]Vgl. Eck, GRUR Int. 2014, 114, 118.

derzeitige und zukünftige Patentstreitregelungssystem dargestellt. In diesem Rahmen wird näher auf den Begriff europäisches Patent sowie auf den Ablauf des derzeitigen nationalen Patentstreitigkeitsprozesses eingegangen und das zukünftige europäische Einheitspatentsystem erläutert. In diesem Rahmen werden auch einige, in der Literatur diskutierte, Probleme aufgezeigt und in angemessener Kürze vorgestellt. Bei den nationalen Verfahren beschränkt sich die Arbeit auf das Land Deutschland.

B. Das derzeitige Patentstreitregelungssystem

Ein Patent ermöglicht dem Unternehmen den Schutz seiner Produkte und Verfahren vor der Imitation. Dieser Schutz des nationalen Patents ist allerdings auf das jeweilige Land beschränkt, in dem es erteilt wurde (Territorialprinzip).[10] Bei international tätigen Unternehmen genügt möglicherweise ein Schutz z.B. nur in Deutschland nicht. Firmen, wie etwa die Bayer AG oder BASF, deren Produkte in vielen Ländern verkauft werden, sind vielmehr auch an einem internationalem Patentschutz interessiert. Dies ist in Europa durch ein sog. europäisches Patent möglich. Dahinter könnte man zunächst vermuten, dass bei Anmeldung eines solchen Patents, ein europaweiter Schutz besteht. Der Schutz auf europäischer Ebene bedeutet aber vor allem die Anmeldung bei dem europäischen Patentamt. Patentverletzungen werden hingegen weiterhin wie nationale Patente vor den nationalen Gerichten geltend gemacht.

Daneben sei die Möglichkeit erwähnt, auf internationaler Ebene ein Patent nach dem Patentzusammenarbeitsvertrag bzw. Patent Coorperation Treaty (kurz: PCT) anzumelden. Dieser Vertrag gilt in 148 Staaten, darunter Deutschland, USA, Thailand oder Indien. Der PCT ermöglicht es, den Patentschutz für eine Vielzahl von Ländern gleichzeitig zu beantragen. Dafür wird anstatt vieler nationaler nur eine internationale Anmeldung eingereicht. Die Erteilung des Patents unterliegt aber wiederum den nationalen Patentämtern während der sog. „nationalen Phase“.[11] Im Rahmen dieser Arbeit wird der PCT aber nicht näher betrachtet.

Vielmehr soll die derzeitige Ausgestaltung des möglichen Schutzes durch ein europäisches Patent sowie das Patentverletzungsverfahren in Deutschland im Folgenden näher dargestellt werden. So soll sich ein Bild über das derzeitige Patentstreitregelungssystem ergeben.

I. Das europäische Patent

Das Patentgesetz (PatG) beinhaltet Regelungen für nationale Patente in Deutschland. Es enthält u.a. Vorschriften über das Patent selbst, das Patentamt sowie das Patentgericht. Auf europäischer Ebene hingegen wurde mit dem Übereinkommen über die Erteilung europäischer Patente (EPÜ) ein von den nationalen Rechtssystemen unabhängiges, eigenständiges und autonomes Patentrechtssystem geschaffen.[12] Es wurde bereits 1973 unterzeichnet. Ziel dieses Übereinkommen ist gem. Art. 1 EPÜ ein gemeinsames Recht für die Erteilung von Patenten zu schaffen. 1977 wurde schließlich auf Grundlage des EPÜ die Europäische Patentorganisation (EPO) als zwischenstaatli-

---

[10] Vgl. Grabinski/Adam, in: Benkard, EPÜ -Vor Präambel, Rn. 1.

[11] Vgl. WIPO, PCT FAQs (Stand April 2015), URL: http://www.epo.org/about-us/organisation/member-states_de.html (Zugriff am 08.04.2016).

[12] Vgl. Jestaedt/Kolle, in: Benkard, Art. 1 EPÜ Rn. 2.

che Organisation gegründet mit dem primären Ziel, die internationale Zusammenarbeit zu stärken. Derzeit gehören der Organisation 38 Mitgliedsstaaten an, so auch alle EU-Mitglieder, aber auch Nicht-EU-Mitglieder wie die Türkei (siehe Abb. 1 auf der nächsten Seite).[13] Das EPÜ wurde von Anfang so konzipiert, dass es einem weiten Kreis an Staaten zugänglich ist. So handelt es sich bei dem Abkommen auch nicht um EU-Recht, sondern stellt einen internationalen Vertrag dar. Darüber hinaus ist die Einheitliche Patentorganisation keine Einrichtung der Europäischen Union. Dies hat zur Folge, dass das Primär- und Sekundärrecht der EU im Rahmen des EPÜ nicht gilt. Ein Unionsrechtlicher Einfluss ist dennoch etwa durch die Rechtssprechung des Europäischen Gerichtshofs (EuGH) möglich, die auch europäische Patente betrifft.[14]

Aufgabe der EPO ist es, europäische Patente zu erteilen. Diese Aufgabe wird durch das Europäische Patentamt, als ein Organ der Organisation, wahrgenommen. Das Legislativorgan der Organisation ist der Verwaltungsrat. Vertreter der Vertragsstaaten sind dort für die politischen Belange zuständig und überwachen die Tätigkeit des Europäischen Patentamtes.[15]

Patente, die nach dem Europäischen Patentübereinkommen (EPÜ) erteilt wurden, sind nach Art. 2 EPÜ sogenannte „europäische Patente". Sie werden gem. Art. 52 Abs. 1 EPÜ, der nahezu wortgleich mit dem § 1 Abs. 1 PatG ist, für Erfindungen auf allen Gebieten der Technik erteilt, sofern sie neu sind, auf einer erfinderischen Tätigkeit beruhen und gewerblich anwendbar sind. Geschützt wird hier das klassische amtlich geprüfte europäische Patent, mit einer Schutzdauer von maximal 20 Jahren, Art. 63 EPÜ. Der Unterschied zu den nationalen Patenten liegt in dem gemeinsamen Erteilungsverfahren. Sie werden in einem eigenständigen europäischen Verfahren erteilt. Die materiellen und formellen Patentierungsvoraussetzungen sind im Art. 52 ff. EPÜ geregelt. Obwohl die Erteilung als ein Bündelpatent in einem zentralisierten europäischem Verfahren geschieht, richtet sich die Wirkung vor allem nach dem nationalen Recht der Vertragsstaaten, in denen das Patent wirkt. [16]

Dass das europäische Patent keine unbedeutende Rolle spielt, zeigt die ansteigende Zahl der Patentanmeldungen beim Europäischen Patentamt in München. Im Jahr 2015 erreichte die Zahl der Patenteinreichungen einen neuen Spitzenwert von nahezu 279.000, auch die Zahl der Patentanmeldungen ist 2015 auf 160.000 angestiegen. Die meisten Anmeldungen kamen dabei aus den USA (27 Prozent), Deutschland liegt mit immerhin 16 Prozent auf Rang 2.[17] Damit ist Deutschland unter den EPO-

[13]Vgl. Europäisches Patentamt, Geografischer Geltungsbereich europäischer Patente, URL: http://www.epo.org/about-us/organisation/member-states_de.html (Zugriff am 08.04.2016).

[14]Vgl. Jestaedt/Kolle, in: Benkard, Art. 1 EPÜ Rn. 7.

[15]Vgl. Kraßer/Ann, Patentrecht, § 7 II b Rn. 60; Europäisches Patentamt, Rechtsgrundlagen (Stand 22.04.2013), URL: http://www.epo.org/about-us/organisation/foundation_de.html (Zugriff am 08.04.2016).

[16]Vgl. Jestaedt/Kolle, in: Benkard, Art. 2 EPÜ Rn. 1 ff.

[17]Vgl. Europäisches Patentamt, Annual Report 2015, URL: https://www.epo.org/about-us/annual-

Abbildung 1: Geografischer Geltungsbereich europäischer Patente, URL: http://www.epo.org/about-us/organisation/member-states_de.html (Zugriff am 08.04.2016).

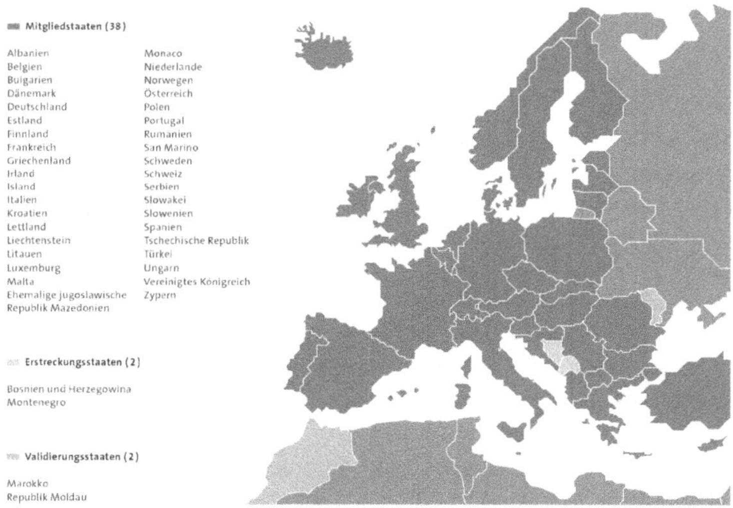

Mitgliedsstaaten führend.

Das anmelde- und wachstumsstärkste technische Gebiet ist die Medizintechnik. 15 Prozent aller Anmeldungen stammen aus diesem Gebiet. Darauf folgen Anmeldungen aus dem Bereich der digitalen Kommunikation und Computer Technologie. Unter den größten Patentanmeldern 2015 gehörten europäische Unternehmen wie BASF, Siemens und Robert Bosch an, aber auch z.B. koreanische und US-amerikanische Konzerne wie Samsung und Intel. Führend mit rund 2400 Patentanmeldungen im Jahr war aber Philips.[18]

II. Europäische Patentverletzungsverfahren in Deutschland

Gerade für technologieorientierte Unternehmen sind Patente ein wichtiger Indikator der derzeitigen Wettbewerbslage. Sie können als eine Art Frühwarnsystem für Technologie- und Markttrends, neue Konkurrenten und neue Produkte gesehen werden. Mit dem Patent hat das Unternehmen z.B. die Möglichkeit bei einer entsprechenden Nachfrage

reports-statistics/annual-report/2015/statistics.html (Zugriff am 08.04.2016).

[18] Vgl. Europäisches Patentamt, Annual Report 2015, URL: https://www.epo.org/about-us/annual-reports-statistics/annual-report/2015/statistics.html (Zugriff am 08.04.2016).

höhere Preise zu verlangen, als wenn auch Konkurrenten dieses Produkt anbieten würden. Ein Patent schützt damit gegen die Benutzung durch die Konkurrenz und vermindert deren Handlungsspielraum. Darüber hinaus entsteht ein Wettbewerb auf Ebene der Forschung und Entwicklung, da auch die Konkurrenten durch patentierte Erzeugnisse Wettbewerbsvorteile erzielen wollen. Die Erhebung einer Patentverletzungsklage stellt dabei für die Unternehmen die ultima ratio (letztes geeignetes Mittel) dar, um patentrechtliche Streitsituationen zu lösen. Dies liegt u.a. an dem damit verbundenen beträchtlichen Arbeitsaufwand und das Kostenrisiko, der mit Patentverletzungsprozessen verbunden ist. Zudem können laufende Prozesse zu Marktverwirrungen führen und bestehende Handelsbeziehungen beeinträchtigen. Wird ein Verfahren über mehrere Instanzen geführt, kann die Unsicherheit über Jahre andauern.[19]

Es kann sich dennoch lohnen, seine Patentrechte rechtlich durchzusetzen. Zum Einen kann es den Wert des Schutzrechtes steigern. Bei erfolgreicher Durchsetzung muss der Verletzer darüber hinaus Schadensersatz leisten und über seine patentverletzenden Aktivitäten Auskunft erteilen. Der erreichbare Schadensersatz beläuft sich in Deutschland auf die üblichen Lizenzgebühren. Die Vorteile können dann erreicht werden, wenn in angemessener Zeit ein günstiges Verletzungsurteil erstritten werden kann. Dies ist auch in der Mehrzahl der Fälle möglich. Das liegt auch an den Patentverletzungskammern der Gerichte in Deutschland, die gemeinhin als kompetent besetzt gelten. Nicht zuletzt wirkt sich ein gewonnener Prozess positiv auf die Publizität des Unternehmens aus. Es zeigt, dass das Unternehmen auch bereit ist, seine Rechte notfalls auch gerichtlich durchsetzen zu wollen.[20]

§§ 139 ff. PatG regelt die zivilrechtlichen Folgen von Rechtsverletzungen, wie die Ansprüche des Verletzten auf Schadensersatz, Unterlassung oder Vernichtung, aber auch straf- und zollrechtliche Konsequenzen. Diese Vorschriften gelten ebenso für europäische Patente gem. Art. 2, 64 EPÜ.[21]

Welches Gericht zuständig ist, wann der Schutzbereich eröffnet ist und wie ein Verfahren abläuft, wird im Folgenden näher erläutert.

1. Zuständigkeit des Gerichts

Wirkt ein europäisches Bündelpatent in Deutschland und wird hier verletzt, so ist bei Streitigkeiten wegen Verletzung des Patents entsprechend vor den deutschen Zivilgerichten zu klagen. Dabei sind gem. § 143 Abs. 1 PatG für Patentstreitsachen stets die Zivilkammern der Landgerichte, und zwar unabhängig vom Streitwert, zuständig. Der Begriff der Patentstreitsachen wird dabei weit ausgelegt. Es genügt bereits ein Zusam-

[19] Vgl. Pitz, Patentverletzungsverfahren, Rn. 9.
[20] Vgl. Pitz, Patentverletzungsverfahren, Rn. 9.
[21] Vgl. Grabinski/Zülch, in: Benkard, Vorbemerkungen §§ 139-142b PatG Rn. 1, 3; Hasselblatt, § 40 Rn. 238.

menhang mit Ansprüchen und Rechten, die ihre Grundlage im PatG haben. Neben Streitigkeiten wegen Feststellung des Bestehens von Ansprüchen bzw. Rechten fallen darunter auch Klagen wegen Unterlassung, Schadensersatz oder Klagen aus einem Lizenzvertrag. Auch Nichtigkeitserklärungen müssen in den einzelnen Vertragsstaaten, wie Deutschland, mit jeweils nationaler Wirkung beantragt werden.[22] Das Gericht, bei dem der Beklagte seinen allgemeinen Wohnsitz hat, ist für die Klagen örtlich zuständig. Dies ist bei natürlichen Personen der Wohnsitz (§ 13 ZPO), bei Unternehmen der Sitz (§ 17 ZPO). Zudem gibt es den Gerichtsstand der unerlaubten Handlung, § 32 ZPO. In diesem Falle ist dann das Gericht zuständig, in dessen Bezirk die Patentverletzung begangen wurde. Bei der Versendung von Prospekten wäre dies z.B. am Absendeort der Fall. Sind mehrere Bezirke berührt, kann der Kläger das zuständige Gericht für die Patentstreitssache aussuchen. Dieses Wahlrecht steht dem Kläger gem. § 35 ZPO zu.[23]

Da in Deutschland stets die Landgerichte für Patentstreitsachen zuständig sind, hat der Streitwert nur Bedeutung für die Höhe der Anwalts- (§§ 2, 23 RVG) und Gerichtskosten (§§ 3, 63 GKG).[24] Die gerichtlichen Prozesskosten in der ersten Instanz würden z.B., bei einem Streitwert von 500.000 Euro, bei 10.608 Euro in erster Instanz liegen.

2. Schutzbereich

Bevor der Patentinhaber seine Rechte gerichtlich durchsetzen will, sollte er sich zunächst einen Überblick über den Bestand seiner Schutzrechte und das Vorliegen einer Patentverletzung verschaffen, um sicherzugehen, dass der Schutzbereich eröffnet ist. Erst mit Veröffentlichung der Patenterteilung im Patentblatt entsteht dem Patentinhaber ein Ausschließlichkeitsrecht gem. §§ 9, 10 PatG, mit dem er etwa Schadensersatzansprüche geltend machen kann. Sobald der Schutzbereich des Patents bestimmt und der Verletzungstatbestand definiert ist, können die patentrechtlichen Ansprüche vor den Zivilgerichten geltend gemacht werden. [25] Der Schutzbereich europäischer Patente wird gem. Art. 69 EPÜ durch die Patentansprüche bestimmt. Werden die Wortmerkmale wortsinngemäß oder äquivalent erfüllt, so liegt eine Patentverletzung aber erst vor, wenn auch eine patentrechtlich verbotene gewerbliche Gebrauchshandlung gegeben ist. Dies bestimmt sich, auch für europäische Patente (Art. 64 EPÜ), nach §§ 9-13 PatG. Eine Verletzung ist beispielsweise bei Herstellen oder Gebrauchen eines geschützten Erzeugnisses gegeben. [26] Allerdings sollte zunächst stets eine außergerichtliche Einigung angestrebt werden, in deren Rahmen Lizenzverhandlungen angeboten werden

[22]Vgl. Grabinski/Zülch, in: Benkard, § 139 PatG Rn. 103; Kraßer/Ann, Patentrecht, § 9 II b Rn. 29; Pitz, Patentverletzungsverfahren, Rn. 111.
[23]Vgl. Pitz, Patentverletzungsverfahren, Rn. 111 ff.
[24]Vgl. Mes, § 139 PatG Rn. 469.
[25]Vgl. Pitz, Patentverletzungsverfahren, Rn. 3.
[26]Vgl. Nieder, Die Patentverletzung, Rn. 1, 36.

können. Um bei einem sofortigen Anerkenntnis durch den Patentverletzer die Kostenfolge nach § 93 ZPO für den Kläger bzw. Patentinhaber zu vermeiden, sollte neben dem Hinweis auf Patentverletzung die Abgabe einer strafbewehrten Unterlassungserklärung verlangt werden.[27]

3. Verfahrensablauf

Kommt es zu einem Patentverletzungsverfahren in Deutschland, untergliedert es sich folgendermaßen:

- Einreichen der Klageschrift
- Prozessleitende Verfügungen des Gerichts
- Klageerwiderung
- Mündliche Hauptverhandlung
- Verletzungsurteil und Rechtsmittel.

Mit Einreichen der Klageschrift beim zuständigen Gericht wird die Patentverletzungsklage erhoben. Mit Zugang der Klageschrift beim Beklagten wird sie schließlich rechtshängig. Mit der Klageschrift zusammen erhält der Beklagte dann eine Verfügung, aus der sich der weitere Verfahrensablauf zur Vorbereitung des Hauptverhandlungstermins ergibt. Schließlich wird in einer Klageerwiderung üblicherweise beantragt, die Klage abzuweisen und die Kosten dem Kläger aufzuerlegen. Die Nichtigkeit ist hingegen als Einwand bei einem Patentverletzungsverfahren nicht zugelassen. Es muss dann vielmehr eine gesonderte Nichtigkeitsklage vor dem Bundespatentamt erhoben werden. Der Beklagte kann dann die Aussetzung des Verletzungsprozesses nach § 148 ZPO beantragen. In der Hauptverhandlung können dann schließlich die Fragen seitens des Gerichts geklärt werden. Es ist für die Parteien die letzte Chance Tatsachen vorzutragen und Anträge zu stellen. Ein rechtskräftiges Urteil bildet das Ende des Patentverletzungsverfahrens.[28]

Wird gegen das Urteil eines Berufung eingelegt, ist nicht das Oberlandesgericht sondern der Bundesgerichtshof (BGH) dafür gem. § 110 Abs. 1 PatG zuständig. Diese Sonderzuständigkeit ist historisch bedingt. Wenn die Berufung fristgemäß eingelegt (§ 110 Abs. 3 S. 1 PatG) und begründet (§ 112 Abs. 2 S. 2 PatG) wurde, entscheidet der BGH, ob die Berufung nach § 114 Abs. 1 PatG unzulässig ist oder bestimmt einen Termin für die mündliche Verhandlung (§ 114 Abs. 3 PatG). Auf Grundlage der mündlichen Verhandlung ergeht dann das Urteil. Ist die Berufung erfolgreich, wird der Rechtsstreit

[27]Vgl. Pitz, Patentverletzungsverfahren, Rn. 3.
[28]Vgl. Pitz, Patentverletzungsverfahren, Rn. 125 ff.

zur Neuverhandlung und Entscheidung an das Patentgericht zurückgewiesen oder der BGH entscheidet selbst in der Sache (§ 119 PatG).[29]

III. Zusammenfassung

Soll ein Patent in mehreren europäischen Ländern gelten, so besteht die Möglichkeit, ein europäisches Patent beim europäischen Patentamt anzumelden. Europäische Patente werden für Erfindungen auf allen Gebieten der Technik erteilt, sofern sie neu sind, auf einer erfinderischen Tätigkeit beruhen und gewerblich anwendbar sind. Obwohl die Erteilung als ein Bündelpatent in einem zentralisiertem europäischem Verfahren geschieht, richtet sich die Wirkung nach den nationalen Recht der Vertragsstaaten, in denen das Patent wirkt.

Diese Wirkung hat zur Konsequenz, dass man bei einer möglichen Patentverletzung vor den entsprechenden nationalen Gerichten, in denen das Patent wirkt, Klage erheben muss. Es muss jedoch beachtet werden, dass das Recht, Klage zu erheben, erst gegeben ist, wenn die Patenterteilung im Patentblatt eröffnet wurde. Ist der Schutzbereich eröffnet und die Verletzung definiert, kann Klage in Deutschland vor den Landesgerichten eingereicht werden. Patentverletzungsverfahren, wie das hier grob dargestellte deutsche Verfahren, sind allerdings in der Regel kompliziert und zeitaufwendig. Der fehlende einheitliche Patentschutz bei einem europäischen Patent ist hier ein Problem. Möchte ein Europäer, der kein Deutscher ist, in Deutschland sein Recht geltend machen, so muss er sich zunächst mit den nationalen Gegebenheiten, wohlmöglich noch in einer fremden Sprache, die er nicht beherrscht, auseinandersetzen. Dies soll sich mit Einführung des europäischen Einheitspatents ändern.

[29] Vgl. Hall/Nobbe, in: Benkard, Vorbemerkungen §§ 110-121 PatG Rn. 3.

C. Das zukünftige Einheitliche Patentstreitregelungssystem

Das derzeitige europäische Patent bezeichnet, anders als man zunächst vermuten könnte, lediglich ein europäisches Zulassungsverfahren. Es bietet jedoch keinen einheitlichen Patentschutz in der EU. Durch den „Zerfall" in nationale Schutzrechte, müssen Patentverletzungsverfahren, wie nationale Patente auch, vor den nationalen Gerichten geführt werden. Damit ist es bei jeder Klage erforderlich, sich mit den nationalen rechtlichen Gegebenheiten, womöglich in fremder Sprache, auseinanderzusetzen. Auch die Verwaltung vieler einzelner nationaler Patente kann sich als kostenintensiv und zeitaufwendig gestalten. Dies soll sich mit Einführung des europäischen Patents mit einheitlicher Wirkung und dem Einheitlichen Patentgericht ändern.

I. Das europäische Einheitspatent

1. Allgemeines

In Zukunft steht den Nutzern neben den klassischen nationalen und europäischen Patenten auch das europäische Patent mit einheitlicher Wirkung (nachfolgend auch: Einheitspatent) zur Verfügung. Es handelt sich dabei um ein europäisches Patent, (vgl. B.I.) welches auf Antrag des Patentinhabers einheitlichen Schutz und gleiche Wirkung ab dem Zeitpunkt der Erteilung in allen teilnehmenden Staaten entfaltet. Es baut also auf dem nach dem EPÜ erteilten europäischen Patent auf, welches auf Wunsch mit einer einheitlichen Wirkung „ergänzt" werden kann. Die einheitliche Wirkung bedeutet, dass es auf alle teilnehmenden Staaten beschränkt, übertragen oder für nichtig erklärt werden kann. Lizenzen, die das Einheitspatent betreffen, können jedoch territorial begrenzt werden.[30] Lohnenswert ist dieser Schutz vor allem, wenn ein Schutz in vielen Ländern gewünscht ist. Das Einheitspatent wird sich vermutlich erst ab fünf oder sechs Ländern rechnen.[31]

Das EPÜ enthält zudem Regelungen hinsichtlich des Erteilungsverfahrens des europäischen Einheitspatents und bestimmt das Europäische Patentamt als maßgebliches Patentamt hierfür. Die EPatVO enthält entgegen dem ursprünglichen Entwurf der Verordnung nur einzelne Regelungen zum materiellen Patentrecht. So ist in Art. 5 die einheitliche Wirkung festgelegt. Das weitere materielle Patentrecht ist hingegen in das Übereinkommen über ein Einheitliches Patentgericht (EPGÜ) aufgenommen worden.[32] Mit Einführung des EPGÜ erhofft man sich, den freien Waren- und Dienstleistungsverkehr innerhalb der EU weiter zu fördern. Außerdem möchte man, durch ein Einheitliches

[30] Vgl. Nieder, GRUR 2015, 728, 729; Luginbühl, GRUR Int. 2013, 305, 307.
[31] Vgl. Köllner, Mitt. 2013, 253.
[32] Vgl. Osterrieth, Patentrecht, Rn. 205 ff.

Patentgerichtssystem besonders kleinere und mittlere Unternehmen die Möglichkeit geben, Klagen besser durchsetzen zu können bzw. sich besser gegen Klagen wehren zu können. Gleichzeitig soll das neue Gerichtssystem die Rechtssicherheit stärken und schnelle sowie hochqualifizierte Entscheidungen sicherstellen, die einen angemessenen Interessenausgleich sicherstellen.[33] Es knüpft an das EPÜ und die Erteilung der europäischen Patente an. So kann der Patentanmelder zukünftig das Einheitspatent ebenfalls beim europäischen Patentamt beantragen.

Nach Art. 3 Abs. 1 EPatVO bietet dieses Patent einen einheitlichen Schutz in allen Mitgliedsstaaten und wird nicht wie ein nationales Patent behandelt. Anders als bei dem Bündelpatent muss die Patentschrift hier auch nicht in die jeweilige Landessprache übersetzt werden, es genügt vielmehr eine Übersetzung in die drei Amtssprachen des europäischen Patentamts (Deutsch, Englisch, Französisch). Damit soll der Patentschutz zukünftig leichter und günstiger zugänglich sein. Mit dem EPGÜ entsteht außerdem eine neue Patentgerichtsbarkeit, die ausschließlich für Streitigkeiten in Bezug auf Einheitspatente und europäischen Bündelpatenten zuständig ist: das Einheitliche Patentgericht.[34]

Eine weitere Besonderheit ist, dass die Jahresgebühren bei dem Einheitspatent nicht mehr an die Vertragsstaaten, sondern an das Europäische Patentamt entrichtet werden. Dabei behält 50 Prozent der Einnahmen das Amt. Die andere Hälfte wird nach einem Schlüssel an die teilnehmenden Staaten verteilt.[35]

2. Der lange Weg des Einheitspatents

Bereits Ende der 1950er Jahre hat man über die Schaffung eines einheitlichen Patentschutzes diskutiert. Daraus resultierte das Gemeinschaftspatentübereinkommen (GPÜ) vom 15.12.1975, was jedoch trotz drei Nachverbesserungsversuchen und mangels der notwendigen Anzahl an Ratifikationen nie in Kraft getreten ist. Der Grund des Scheiterns lag darin, dass man es nicht als eine Verbesserung oder Vereinfachung gegenüber dem bereits laufenden EPÜ-System gesehen hat. Die unattraktiven Übersetzungsregelungen und die als kompliziert angesehenen Streitregelungssysteme waren die Hauptgründe, weshalb viele Staaten nicht bereit waren, das GPÜ zu realisieren. Mit Blick auf die Schaffung eines gemeinsamen Binnenmarktes, arbeitete die Europäische Kommission im Jahr 2000 erneut an einem Entwurf für eine Gemeinschaftspatententverordnung. Dabei sollte die EU, wie ein Vertragsstaat, dem Europäischen Patentübereinkommen beitreten. Das Europäische Patentamt wäre zusätzlich mit der Erteilung von Gemeinschaftspatenten ermächtigt worden. Dieser Vorschlag wurde in erster Linie als praktisch angesehen, führte allerdings zu zahlreichen Diskussionen,

[33] Siehe Erwägungen im EPGÜ.
[34] Vgl. Arntz, EuZW 2014, 544, 545.
[35] Vgl. Luginbühl, GRUR Int. 2013, 305, 308.

insbesondere bezüglich der Übersetzungen. An dem unpraktikablem Sprachenregime scheiterte es schließlich 2004. Die Diskussion wurde 2007 erneut wiederbelebt. Der EU-Wirtschaftsrat entschied in diesem Jahr, dass die Arbeiten zur Schaffung eines Gemeinschaftspatents wieder aufgenommen werden sollen. 2009 einigte sich schließlich der EU-Rat auf die wesentlichen Punkte des Gemeinschaftspatents und eines gemeinsamen europäischen Patentgerichts. Die Entwürfe beruhten auf dem Vorschlag für eine Gemeinschaftspatentverordnung aus dem Jahr 2000, wurde gestützt auf Art. 118 AEUV und enthielten vor allem materielle Regelungen. Um auf bereits bestehende Strukturen, insbesondere auf das Europäische Patentamt, zurückgreifen zu können, sollte die Europäische Union, wie bereits Jahre zuvor angedacht, zum EPÜ nach dem in Art. 118 AEUV festgelegten Verfahren beitreten. Nachdem aber auch das EU-Patent aufgrund der Kritik Spaniens und Italiens scheiterte, schlossen sich die übrigen 25 Mitgliedsstaaten zur Realisierung eines einheitlichen Patentschutzes im Wege der Verstärkten Zusammenarbeit nach Art. 20 EUV zusammen. 2011 wurden schließlich die Entwürfe für die entsprechenden Verordnungen (Verordnung (EU) Nr. 1257/2012; Verordnung (EU) Nr. 1260/2012) veröffentlicht. Das „Patent-Paket" umfasst somit zwei Verordnungen: die „Verordnung (EU) Nr. 1257/2012 über die Umsetzung der Verstärkten Zusammenarbeit im Bereich der Schaffung eines einheitlichen Patentschutzes" sowie die „Verordnung (EU) Nr. 1260/2012 des Rates über die Umsetzung der verstärkten Zusammenarbeit im Bereich der Schaffung eines einheitlichen Patentschutzes im Hinblick auf die anzuwendenden Übersetzungsregelungen" und bilden den Grundstein für die Einführung eines einheitlichen Patentschutzes in der EU[36]. Diesen Verordnungen stimmte 2012 das Europäische Parlament zu. Entgegen der ursprünglichen Einigung enthalten die Verordnungen aber kein materielles Patentrecht. Es verweist einerseits auf das EPGÜ und bezüglich der Erteilungsvoraussetzungen und Anmeldeverfahren auf das EPÜ. Der in Art. 118 AEUV geforderte einheitliche Charakter wird durch den einheitlichen Charakter mit gleicher Wirkung in allen teilnehmenden Mitgliedsstaaten gewährleistet. [37] Am 19. Februar 2013 unterschrieben daraufhin 25 der EU-Mitgliedsstaaten das EPGÜ.[38]

Die beiden erlassenen Verordnungen sind bereits am 20.01.2013 in Kraft getreten. Sie finden jedoch gem. Art. 89 EPGÜ erst am ersten Tag des vierten Monats nach Hinterlegung der dreizehnten Ratifikations- oder Beitrittsurkunde gemäß Artikel 84, einschließlich der Hinterlegung durch die drei Mitgliedstaaten, in denen es im Jahr vor dem Jahr der Unterzeichnung des Übereinkommens die meisten geltenden europäi-

[36] Vgl. Europäischer Wirtschafts- und Sozialausschuss, Stellungnahme zu dem „Vorschlag für eine Verordnung des Europäischen Parlaments und des Rates zur Änderung der Verordnung (EU) Nr. 1215/2012 über die gerichtliche Zuständigkeit und die Anerkennung und Vollstreckung von Entscheidungen in Zivil- und Handelssachen" COM(2013) 554 final — 2013/0268 (COD), Nr. C 214/25.
[37] Vgl. Stieper, in: Grabitz/Hilf/Nettesheim, Art. 118 AEUV Rn. 30 ff.; Luginbühl, GRUR Int. 2013, 305 ff.
[38] Vgl. ABl. 2013 Nr. C175.

schen Patente gab, oder am ersten Tag des vierten Monats nach dem Inkrafttreten der Änderungen der Verordnung (EU) Nr. 1215/2012 (Brüssel-I-VO), die das Verhältnis zwischen jener Verordnung und diesem Übereinkommen betreffen, je nachdem, welcher Zeitpunkt der späteste ist, Anwendung.

Dieses Übereinkommen stellt das Kernstück des europäischen Projekts eines einheitlichen Patentsystems dar. Es gilt nicht nur für die zukünftigen Einheitspatente, sondern auch für alle europäischen Patente, die zum Zeitpunkt des Inkrafttreten des Übereinkommens noch nicht erloschen sind oder die nach diesem Zeitpunkt erteilt werden.[39] Nachdem im Dezember 2015 die EU-Mitgliedsstaaten einige Vereinbarungen verabschiedeten sind die rechtlichen, technischen und operativen Vorbereitungen für das Einheitspatent abgeschlossen. Nun muss noch das Ratifizierungsverfahren abgeschlossen und das Einheitliches Patentgericht errichtet werden. Neun der 13 Staaten haben bislang das Abkommen ratifiziert.[40]

Mit Inkrafttreten des EPGÜ gilt auch das in den Art. 25 bis 30 EPGÜ enthaltende materielle Verletzungsrecht. Es gilt in allen Vertragsstaaten und für alle europäischen Patente, sowohl mit als auch ohne einheitliche Wirkung. Das nationale Recht ist dann nur noch auf nationale Patente anwendbar. Wegen weitgehender Deckung mit dem bisherigen nationalen Recht wird sich allerdings im Wesentlichen nichts ändern. Eine mögliche praxisrelevante Änderung könnte vielleicht § 27 lit. b EPGÜ darstellen. Dieser bezieht sich, anders als § 11 Nr. 2b PatG, auch auf research tool patents, also Verfahrenspatente (Studien und Versuche zur Erlangung einer arztneimittelrechtlichen Genehmigung), und nicht nur Sachpatente.[41]

3. Die Klage Spaniens

Ob Art. 118 AEUV die richtige Rechtsgrundlage zur Schaffung des Einheitspatents ist, war durchaus umstritten. Der Artikel ermächtigt das Europäische Parlament und den Rat im Rahmen der Verwirklichung oder des Funktionierens des Binnenmarkts, Maßnahmen zur Schaffung europäischer Rechtstitel über einen einheitlichen Schutz des geistigen Eigentums in der Union zu erlassen. Einheitlicher Schutz bedeutet dabei, dass der Rechtstitel die gleiche Wirkung in der gesamten EU hat und das dieses Recht nur für die gesamte EU erteilt, beschränkt, übertragen, für nichtig erklärt werden oder erlöschen kann.[42] Kritisiert wurde vor allem, dass es sich bei dem Einheitspatent um ein Europäisches Patent im Sinne des EPÜ handele und das sich die Rechtswirkung des Patents nicht ausschließlich aus dem Unionsrecht herleite. Bei der im Rahmen

[39]Vgl. Osterrieth, Patentrecht, Rn. 224.
[40]Vgl. Europäisches Patentamt, Das Einheitspatent ist starklar, Pressemitteilung v. 15.12.2015, URL: http://www.epo.org/news-issues/press/releases/archive/2015/20151215_de.html (Zugriff am 08.04.2016).
[41]Vgl. Nieder, GRUR 2014, 627, 630 f.
[42]Vgl. Wichard, in: Caliess/Ruffert, Art. 118 AEUV Rn. 9.

des EPÜ gegründete Europäische Patentorganisation handelt es sich darüber hinaus um eine autonome zwischenstaatliche internationale Organisation, der auch Drittländer angehören.[43]

Auch Spanien stellte das vorausgehende Verwaltungsverfahren in Hinblick auf das Unionsrecht in Frage. Anstatt zu unterschreiben, erhob Spanien Nichtigkeitsklage gegen die Verordnungen. Spanien sah u.a. in Art. 118 Abs. 1 AEUV keine geeignete Rechtsgrundlage für die Verordnung. Der EuGH wies die Kritikpunkte Spaniens ab und argumentierte, dass Art. 118 AEUV den Unionsgesetzgeber ausreichend ermächtigt, diese Verordnung zu erlassen. Der einheitliche Patentschutz ist, dem EuGH zufolge, auch geeignet, einen unterschiedlichen Patentschutz in den Mitgliedsstaaten zu verhindern und bezweckt somit einen einheitlichen Schutz im Sinne von Art. 118 AEUV. Zu den Worten „in der Union" weist das Gericht darauf hin, dass die Vorschrift nur in den teilnehmenden Mitgliedsstaaten gilt. Daneben sah Spanien auch eine Diskriminierung der Sprache, da nicht alle Amtssprachen als Übersetzung vorgesehen sind. Die Sprachregelung beschränkt sich vielmehr nur auf Deutsch, Englisch und Französisch. Dies sah der EuGH aber als legitim an, um einfache und einheitliche Übersetzungsregeln zu schaffen und so den Zugang zum Patentschutz insbesondere für kleine und mittlere Unternehmen zu erleichtern. Es soll so leichter, kostengünstiger und rechtlich sicherer als das bisherige System werden. Die Klage wurde insgesamt abgewiesen.[44]

Im Ergebnis ist dieser Entscheidung zuzustimmen. Auch wenn der Rückgriff auf das Völkerrecht (das EPGÜ ist ein völkerrechtliches Übereinkommen) und national-rechtliche Elemente aus europarechtlicher Sicht als „unschöne Lösung" gesehen werden kann, so ermöglicht der EuGH dem Gesetzgeber so weiterhin Flexibilität im weiteren Vorgehen. Zudem sollte man beachten, dass jeder Nutzer selbst entscheiden kann, ob er ein Einheitspatent beantragt oder ob es es bei dem europäischen oder nationalen Patent belässt.[45] Darüber hinaus erfüllt das Einheitspatent durchaus die Anforderungen des Art. 118 Abs. 1 AEUV, da es nicht wie das europäische Patent in ein Bündel nationaler Rechte zerfällt. Auch wird das Patent mit einheitlicher Wirkung für die gesamte EU erteilt, beschränkt, übertragen, für nichtig erklärt oder erlischt. Der Argumentation, die Rechtswirkung des Patents würde sich nicht ausschließlich aus dem Unionsrecht herleiten, kann man entgegnen, dass die Betonung auf der, beim Einheitspatent gegebene, EU-weit einheitliche Wirkung in Art. 118 AEUV liegt und nicht auf der Institution, die das Patent erteilt.[46] Nachdem die Klagen von Spanien gegen die Verordnungen vor dem EuGH abgewiesen wurden, ist das europäische Einheitspatent wieder ein Stück näher gerückt.

---

[43] Vgl. Gaster, in: von der Groeben/Schwarze/Hatje, Art. 118 AEUV Rn. 30 f.
[44] Vgl. EuGH, EuZW 2015, 548, 549; EuGH, EuZW 2015, 552, 553.
[45] Vgl. Arntz, EuZW 2015, 544, 547.
[46] Vgl. Wichard, in: Caliess/Ruffert, Art. 118 AEUV Rn. 10; Gaster, in: von der Groeben/Schwarze/Hatje, Art. 118 AEUV Rn. 39.

4. Doppelschutzverbot

Sobald gleichartige Schutzrechte sowohl auf nationaler als auch auf europäischer Ebene gleichzeitig ein Patent schützen, spricht man von einem Doppelschutz. Erstmals war dieser Doppelschutz mit Einführung des europäischen Patents möglich. Die Motivation dahinter ist häufig, sich gegenüber den verschiedenen Erteilungsanforderungen abzusichern. Art. 139 Abs. 3 EPÜ sieht allerdings vor, dass die Mitgliedsstaaten jeweils bestimmen, ob und in welchem Umfang einer solcher doppelt abgesicherter Schutz überhaupt erlaubt ist. In Deutschland, wie auch in vielen anderen Ländern, wurde auf den Art. II § 8 Abs. I IntPatÜG zurückgegriffen, der dem nationalen Patent, der dieselbe Erfindung schützt, die Wirkung nimmt. In einigen wenigen Ländern wie Dänemark, Norwegen oder Ungarn ist ein Doppelschutz aber durchaus möglich.[47]

Mit Einführung des einheitlichen Patents mit Einheitlicher Wirkung kann nun möglicherweise ein weiterer Doppelschutz entstehen. Mit Blick auf das Verhältnis zwischen dem Einheitspatent und dem nationalen Patent, stellt man fest, dass dies ungeregelt ist. Allerdings soll dieses Verhältnis in dieser Arbeit nicht näher betrachtet werden.

Im Fokus steht vielmehr das Verhältnis europäisches Patent und Einheitspatent. Wie sieht es hier mit einem Doppelschutzverbot aus? Während im Verhältnis zum nationalen Patent keine Regelungen getroffen wirdem, so kann man hier welche finden. So verlangt Art. 4 Abs. 2 Einheitspatentverordnung (EPatVO), von den Mitgliedsstaaten, Maßnahmen zu ergreifen, um sicherzustellen, „dass am Tag der Veröffentlichung des Hinweises auf die Erteilung des Europäischen Patents im Europäischen Patentblatt die Wirkung des Europäischen Patents als nationales Patent auf ihrem Hoheitsgebiet als nicht eingetreten gilt". Damit entfaltet das europäische Patent ohne einheitliche Wirkung von seiner Erteilung an keine Wirkung als Bündelpatent, wenn und soweit es die einheitliche Wirkung erhält.[48]

Somit steht fest, dass mit der Regelung aus Art. 4 Abs. 2 EPatVO ein Doppelschutz in dem Verhältnis europäisches Patent und Einheitspatent nicht möglich ist. Die Mitgliedsstaaten müssen dafür aber aktiv werden.

II. Das zukünftige Verfahren vor dem Einheitlichen Patentgericht

Derzeit entscheiden bei europäischen Patentsachen die nationalen Gerichte. Der Entscheid nationaler Gerichte über die Rechtsgültigkeit europäischer Patente kann sich aber auch als problematisch erweisen. Klagen vor mehreren nationalen Gerichten führen zu hohen Kosten sowie zu der Gefahr voneinander abweichender Entscheidungen und mangelnder Rechtssicherheit. Gleichzeitig versuchen Beteiligte, sich die unter-

[47] Vgl. Chudziak, GRUR 2015, 839, 840.
[48] Vgl. Chudziak, GRUR 2015, 839, 840.

schiedlichen Auslegungen der Gerichte und die Geschwindigkeit der Verfahren und Zuerkennung von Schadensersatzzahlungen zunutze zu machen (sog. „Forum-Shopping").[49]

Diese Probleme sollen durch das Einheitliche Patentgericht gelöst werden. Sobald das Übereinkommen über ein Einheitliches Patentgericht vom 19.02.2013 in Kraft tritt, werden zukünftig Verletzungs- oder Nichtigkeitsklagen bezüglich europäischer Patente und Einheitspatente ausschließlich vor dem Einheitlichen Patengericht bestritten, Art. 32 I a bis f EPGÜ.[50]

1. Struktur des Gerichts

Das Einheitliche Patentgericht umfasst nach Art. 6, 7 EPGÜ ein Gericht in erster Instanz, ein Berufungsgericht mit Sitz in Luxemburg und eine Kanzlei (vgl. Abbildung 2 auf der nächsten Seite). Das Gericht in erster Instanz besteht aus einer Zentralkammer mit Sitz in Paris und zwei Außenstellen in London und München sowie mehreren regionalen und örtlichen Kammern in den Vertragsstaaten. Dabei sind alle Spruchkörper des Gerichts multinational zusammengesetzt, Art. 8 EPGÜ. So ist von den drei Richtern beim Gericht in erster Instanz nur Einer Staatsangehöriger des Vertragsmitgliedsstaates.

Die Aufteilung der ersten Instanz in drei Spruchkörper bzw. Kammern verdeutlicht das Spannungsverhältnis, in dem sich das Patentgericht befindet. Zum Einen ist die Tendenz zur Zentralisierung der Rechtssprechung und der Verfahren erkennbar, zum Anderen soll das neue System möglichst benutzerfreundlich sein. Eine Konzentration auf einen Standort ist durch die regionalen Kammern hingegen nicht vorhanden. Das fördert zwar, wie beim europäischen Gerichtssystem, die Kooperation der Richter. Bei zu erwartenden hohen Fallzahlen von Patentstreitigkeiten unter dem neuen Gerichtssystem wäre dies jedoch hinsichtlich der Erreichbarkeit der Gerichte nicht praxisnah. So sollen durch die lokalen Kammern die Praxis und Eigenarten der nationalen Rechtssprechung auch weiterhin fortgesetzt werden können.[51] Parallele Verfahren vor verschiedenen Kammern sind nicht möglich, Art. 33 Abs. 2 EPGÜ. Unterliegt eine Partei in erster Instanz, steht ihr auch im Einheitlichen Patentgerichtssystem die Möglichkeit zu, Berufung einzulegen, Art. 73 EPGÜ.

Daneben führt die Kanzlei gem. Art. 10 EPGÜ Aufzeichnungen über alle vor dem Gericht verhandelten Verfahren.

Ergänzend zu den Regelungen des EPGÜ enthält die dem Übereinkommen anhängende Satzung des einheitlichen Patentgerichts weitere Regelungen wie die Auswahlkriterien der Richter (Art. 2), organisatorische Bestimmungen (Art. 13 ff.), Finanzvor-

[49] Vgl. Europäisches Patentamt, Einheitliches Patentstreitregelungssystem (Stand 29.01.2015), URL: https://www.epo.org/law-practice/unitary/patent-court_de.html (Zugriff am 08.04.2016).
[50] Vgl. Grabinski/Zülch, in: Benkard, Vorbemerkungen §§ 139-142b PatG Rn. 3a.
[51] Vgl. Osterrieth, Patentrecht, Rn. 236.

Abbildung 2: Struktur des Gerichts, eigene Darstellung

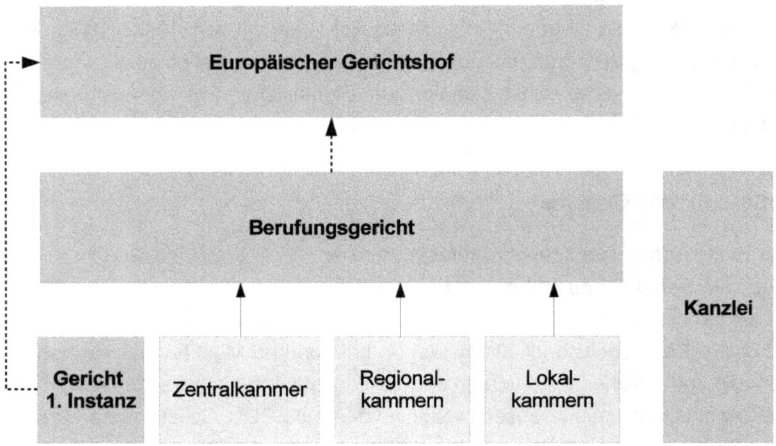

schriften (Art. 26 ff.) sowie Verfahrensvorschriften (Art. 34 ff).

Grundsätzlich hat das Unionsrecht Vorrang und ist vom Einheitlichen Patentgericht anzuwenden, Art. 20 EPGÜ. Um eine korrekte Anwendung und einheitliche Auslegung des Unionrechts zu gewährleisten, können sich die Gerichte für Vorabentscheidungen an den EuGH wenden, Art. 21 EPGÜ. Die Entscheidungen des EuGH sind auch für das Patentgericht bindend. Die Kompetenzverteilung zwischen dem EuGH und dem Einheitlichen Patentgericht sorgte schon während der Verhandlungen über das Patentgerichtsystems für Aufregung. Der EuGH legte Wert darauf, dass das Einheitliche Patentgericht nicht vollständig außerhalb des Unionrechts stehen würde und so hätte verwehren können, Rechtsfragen dem EuGH vorzulegen. Vor diesem Hintergrund erfolgte die weitgehende Eingliederung in das Recht der Europäischen Union. Damit können z.B. auch Regelungen aus dem EPGÜ (und völkerrechtlicher Grundlage) dem EuGH vorgelegt werden. [52]

2. Zuständigkeit des Gerichts

Die Zuständigkeit des einheitlichen Patentgerichts richtet sich nach Art. 31 ff. EPGÜ. So ergibt sich die internationale Zuständigkeit aus der Verordnung (EU) Nr. 1215/2012

[52] Vgl. Haedicke, GRUR Int. 2013, 609, 614.

oder ggf. auf Grundlage des Lugano-Übereinkommens[53]. Die sachliche Zuständigkeit für das Gericht erster Instanz ist gem. Art. 32 Abs. 1 EPGÜ gegeben bei:

- Klagen wegen tatsächlicher oder drohender Verletzung von Klagen,
- Klagen auf Feststellung der Nichtverletzung von Patenten,
- Klagen auf Erlass von einstweiligen Maßnahmen und Sicherungsmaßnahmen,
- Klagen auf Nichtigkeitserklärung von Patenten
- Klagen auf Schadensersatz oder auf Entschädigung aufgrund vorläufigen Schutzes,
- Klagen im Zusammenhang mit der Benutzung einer Erfindung vor der Erteilung eines Patents oder mit einem Vorbenutzungsrecht,
- Klagen auf Zahlung einer Lizenzvergütung und
- Klagen gegen Entscheidungen des Europäischen Patentamts.

Klagen, die nicht unter der ausschließlichen Zuständigkeit dieses Gerichts fallen, werden dann, wie bisher, vor den nationalen Gerichten geltend gemacht. Somit bleiben die nationalen Gerichte auch weiterhin für Streitigkeiten bezüglich nationaler Patente, Gebrauchsmuster und Klagen auf Erteilung von Zwangslizenzen zuständig - ungeachtet dessen, ob europäische Patente mit einheitlicher Wirkung betroffen sind. Ebenso werden Fragen des Arbeitnehmererfinderrechts weiterhin vor nationalen Gerichten geklärt.[54]

Die Verteilung der Kompetenzen zwischen Lokal-, Regionalkammern und der Zentralkammer bestimmt sich nach Art. 33 EPGÜ. Den Parteien steht aber auch zunächst die Möglichkeit zu, die Zuständigkeit einer regionalen Kammer oder aber der Zentralkammer durch eine Gerichtsstandsvereinbarung zu wählen. Liegt keine Vereinbarung vor, sind die Lokal- bzw. Regionalkammern für Verletzungsklagen, Klagen auf Erlass von einstweiligen Verfügungen, Klagen auf Schadensersatz bzw. Entschädigung aufgrund des vorläufigen Schutzes einer veröffentlichten Anmeldung und für Klagen mit Bezug zu dem Benutzungsrecht einer Erfindung zuständig. Es ist dann die Lokalkammer zuständig, in dessen Gebiet die Verletzung droht oder erfolgt ist, in dessen Gebiet der Beklagte seinen Wohnsitz oder Sitz der Hauptniederlassung hat. [55] Falls kein Wohnsitz oder Sitz im Gebiet eines Mitgliedsstaates besteht, kann die Klage auch bei

[53] Siehe Übereinkommen über die gerichtliche Zuständigkeit und die Anerkennung und Vollstreckung von Entscheidungen in Zivil- und Handelssachen (beschlossen am 30. Oktober 2007 in Lugano), ABl. 2007 L 339.

[54] Vgl. Osterrieth, Patentrecht, Rn. 250.

[55] Vgl. Osterrieth, Patentrecht, Rn. 251 f.

der Regionalkammer des Ort der Verletzungshandlung oder aber direkt bei der Zentralkammer eingeleitet werden, § 33 EPGÜ. Lokal- und Regionalkammern haben dabei die gleichen Funktionen. Jeder Mitgliedsstaat kann selber entscheiden, ob er eine alleine eine Lokalkammer oder zusammen mit anderen Mitgliedsstaaten eine Regionalkammer errichten möchte.[56]

Ein Punkt, der wesentlich bei der Einführung sein wird, sind die Kosten für das Patent und vor Gericht. Sie müssen so attraktiv sein, dass Patentinhaber, die in vielen Mitgliedsstaaten ihr Produkt schützen wollen, die Option der einheitlichen Wirkung in Erwägung ziehen. Während die (wichtigeren) Kosten des Einheitspatents noch nicht feststehen, gibt es bereits ein Vorschlag des sog. Vorbereitenden Ausschusses[57] über einen Abschnitt 6 in den Verfahrensregeln, der Regelungen über die Höhe der Gerichtskosten und erstattungsfähigen Kosten enthält. Die rechtliche Prüfung des Vorschlages steht noch aus. Der Vorschlag sieht fixe Kostensätze vor, die prozentual gesenkt werden, je früher die Parteien eine Einigung erzielen (Regel 370 Nr. 9). Unter Vorlage einer Bestätigung ihres Status, müssen kleine Unternehmen nur 60 Prozent der Kosten tragen (Regel 370 Nr. 8). Der Vorschlag des Vorbereitenden Ausschusses sieht in erster Instanz etwa für Verletzungsklagen oder Klagen auf Feststellung der Nichtverletzung fixe Kostensätze in Höhe von 11.000 Euro vor. Für Nichtigkeitsklagen liegt der vorgeschlagene feste Kostensatz bei 20.000 Euro. Daneben gibt es betragsbezogene Gebühren, die mit dem Streitwert ansteigen. Bei Klagen bis einschließlich 500.000 Euro würden keine zusätzlichen Gebühren anfallen.[58] Anders als in Deutschland, wo das GKG für viele verschiedene Streitsachen gilt und sich die Höhe der Gebühren pauschal an dem Streitwert orientiert, gibt es dagegen beim Einheitlichen Patentgericht fixe Beträge für verschiedene Klagen, die je nach Streitwert noch durch weitere Gebühren steigen können. Bei einem Streitwert von 500.000 Euro würden z.B., wie bereits in Abschnitt B dargestellt, in Deutschland Gerichtskosten in Höhe von 10.608 Euro anfallen. Das ist etwas weniger als die vom Vorbereitenden Ausschuss vorgeschlagene fixe Gebühr in Höhe von 11.000 Euro. Man muss allerdings bedenken, dass auch Klagen in anderen Ländern zu dem Patent kommen könnten, sodass man in der Summe über 11.000 Euro liegen würde. Eine Urteil des Einheitlichen Patentgerichts gilt hingegen in allen Ländern. Die Gerichtskosten scheinen so zumindest schon attraktiver als in Deutschland. Es bleibt aber abzuwarten, ob der Vorschlag des Vorbereitenden Ausschusses so übernommen und wie viel das Patent an sich kosten wird.

Mit Einführung des Einheitlichen Patentgerichts und dem europäischen Patent mit

[56] Vgl. Schröer, GRUR Int. 2013, 1102, 1103.

[57] Der Ausschuss setzt sich aus Vertretern aller Mitgliedsstaaten zusammen und besteht solange, bis das Einheitliche Patentgericht etabliert ist, URL: https://www.unified-patent-court.org (Zugriff am 08.04.2016).

[58] Vgl. Unified Patent Court, UPC Court Fees and Recoverable Costs, URL: https://www.unified-patent-court.org/sites/default/files/agreed_and_final_r370_subject_to_legal_scrubbing _to_secretariat.pdf (Zugriff am 08.04.2016).

einheitlicher Wirkung erhofft man sich, einige bestehende Probleme lösen zu können. Kann z.B. auch die sog. Torpedo-Problematik durch die neuen Zuständigkeitsregeln gelöst werden? Bei dieser Problematik werden bei Gerichten in verschiedenen Mitgliedsstaaten Klage wegen desselben Anspruchs erhoben.[59] Dies führt dazu, dass später angerufene Gerichte das Verfahren von Amtes wegen aussetzen, bis die Zuständigkeit des zuerst angerufenen Gerichts feststeht. Damit sollen eigentlich Parallelverfahren und einander widersprechende Entscheidungen mit Folge der Nichtanerkennung vermieden werden. [60] Dies wird aber teilweise genutzt, indem Klagen in Mitgliedsstaaten mit eher langsamer Gerichtsbarkeit erhoben und dadurch Patentverletzungsklagen in einem anderen Mitgliedsstaat mit schnellerer Gerichtsbarkeit blockiert werden (sog. Torpedo).[61]

Durch die Reduzierung auf ein Gericht scheint die Lösung des Problems möglich. Bei genauerer Betrachtung stellt man fest, dass zwar mit dem einheitlichen Patentgerichtssystem die vorübergehende Verhinderung einer Verletzungsklage durch „Ausspielung" verschiedener Gerichte nicht mehr möglich ist. So kann man aber in der Übergangszeit durch Erhebung einer Klage vor der Zentralkammer die Möglichkeit versperren, nationale Verletzungsklage zu erheben (Art. 29 EuGVVO).[62] Die Torpedo-Problematik ist somit zumindest in der Übergangszeit nicht gelöst, sondern lediglich auf eine andere Ebene (Verhältnis Einheitsgericht und nationale Gerichte) verschoben worden.

3. Verfahrensablauf

Möchte ein Patentinhaber also zukünftig Klage vor dem Einheitlichen Patentgericht erheben, so kann er sich in erster Instanz an die Zentralkammer oder an eine Lokal- bzw. Regionalkammer wenden. Der Verfahrensablauf ähnelt dabei dem nationalen Verfahren in Deutschland und würde keine große Umstellung für Patentinhaber erfordern. Das EPGÜ stellt in Art. 52 das vorgesehene dreistufige Verfahren dar:

- Schriftliches Verfahren
- Zwischenverfahren und
- mündliches Verfahren.

Im schriftlichen Verfahren soll zunächst der Prozessstoff ausreichend erfasst werden. Der als Berichterstatter tätige Richter hat im Zwischenverfahren grundsätzlich die Möglichkeit, eine Zwischenanhörung einzuberufen, Art. 52 Abs. 2 EPGÜ. Dort kann dann

[59] Vgl. Grabinski/Zülch, in: Benkard, § 139 PatG Rn. 101e.
[60] Vgl. EuGH, NJW 1989, 665; BGH, NJW 1995, 1758, 1759; LG Düsseldorf, GRUR Int. 2002, 157, 161 f.
[61] Vgl. Grabinski/Zülch, in: Benkard, § 139 PatG Rn. 101e.
[62] Vgl. Schröer, GRUR Int. 2013, 1102, 1106.

mit den Parteien die Möglichkeit eines Vergleichs geprüft werden. In der mündlichen Verhandlung erhalten die Parteien schließlich die Gelegenheit, ihre Argumente ordnungsgemäß darzulegen. Das Gericht kann allerdings mit Zustimmung der Parteien auch ohne eine mündliche Verhandlung eine Entscheidung treffen, Art. 52 Abs. 3 EPGÜ.

Die Entscheidungen und Anordnungen des Gerichts sind gem. Art. 83 Abs. 1 S. 1 EPGÜ in allen Mitgliedsstaaten vollstreckbar.

Neben diesen groben Regelungen, enthält die Verfahrensordnung des Einheitlichen Patentgerichts detailliertere prozessuale Regelungen. Diese liegt jedoch derzeit nur als Entwurf[63] vor, sodass vieles noch nicht abschließend geregelt ist.[64] Eine endgültige Fassung wurde bislang nicht verabschiedet.

III. Zusammenfassung

Bald steht nach Abschluss des Ratifizierungsverfahren dem Nutzer die Möglichkeit zur Verfügung, seine Erfindung als klassisches nationales und europäisches Patent oder als europäisches Patent mit einheitlicher Wirkung anzumelden. Anders als das bisherige europäische Patent zerfällt das Einheitspatent nicht in nationale Rechte sondern bietet, wie der Name bereits verrät, einen einheitlichen Schutz in allen teilnehmen Mitgliedsstaaten. Allerdings bedeutet die einheitliche Wirkung auch, dass der Schutz in allen Ländern gleichzeitig bei einer Klage abgesprochen werden kann. Bereits Ende der 1950er Jahre, wurde in der EU an einem einheitlichen Patentsystem gearbeitet. Die Entwürfe für die entsprechenden Verordnungen wurden schließlich 2012 verabschiedet. Im Jahr 2013 wurde das EPGÜ von den Mitgliedsstaaten unterschrieben. Die durch Spanien erhobene Klage gegen die Verordnungen wurde vom EuGH abgewiesen. Ein Doppelschutz durch das europäische Patent mit und ohne Wirkung ist gesetzlich nicht zugelassen.

Mit dem europäischen Patent mit einheitlicher Wirkung soll auch das einheitliche Patentgericht eingeführt werden. Die erste Instanz stellen die Zentralkammer und die Lokal- und Regionalkammern dar. Vor diesem international besetztem Gericht sollen künftig Verletzungs- und Nichtigkeitsklagen, ein europäisches Patent betreffend und unabhängig von der einheitlichen Wirkung, erhoben werden können. Auf diese Weise soll die Gefahr voneinander abweichender Entscheidungen gesenkt und die Rechtssicherheit erhöht werden. Detaillierte prozessuale Regelungen werden zukünftig in der Verfahrensordnung des Einheitlichen Patentgerichts festgehalten, die aber bislang nur als Entwurf existiert.

[63] Siehe Entwurf in 18. Fassung, URL: http://www.unified-patent-court.org/images/documents/UPC-Rules-of-Procedure.pdf (Zugriff am 08.04.2016).

[64] Vgl. Benkard/Tochtermann, PatG, Internationaler Teil – Das internationale Patentrecht Rn. 187.

Nachdem im Dezember 2015 die EU-Mitgliedsstaaten einige Vereinbarungen verabschiedeten, sind die rechtlichen, technischen und operativen Vorbereitungen für das Einheitspatent abgeschlossen. Nun muss noch das Ratifizierungsverfahren abgeschlossen und das Einheitliche Patentgericht errichtet werden. Neun der 13 Staaten haben bislang das Abkommen ratifiziert. Es fehlt u.a. auch noch die Unterschrift Deutschlands.

D. Die Zuständigkeit der Gerichte in der Übergangszeit

Alsbald steht neben den klassischen nationalen und europäischen Patenten den Nutzern auch das europäische Patent mit einheitlicher Wirkung zur Verfügung. Sobald das EPGÜ in Kraft tritt, werden zukünftig Verletzungs- oder Nichtigkeitsklagen bezüglich Einheitspatente aber auch europäischer Patente **ausschließlich** vor dem Einheitlichen Patengericht bestritten, Art. 32 Abs. 1 lit. a -f EPGÜ. Allerdings können in einer Übergangszeit von sieben Jahren nach Inkrafttreten des EPGÜ Verletzungs- und Nichtigkeitsklagen das europäische Patent betreffend sowohl vor den nationalen Gerichten, als auch vor dem Einheitlichen Patentgericht geltend gemacht werden, Art. 83 Abs. 5 EPGÜ.[65] Unter Umständen kann die Übergangszeit um weitere sieben Jahre verlängert werden, Art. 83 Abs. 5 S. 2 EPGÜ. Diese Wahlmöglichkeit soll verhindern, dass das neue materielle Patentrecht aufgezwungen wird, insbesondere vor dem Hintergrund, dass die Entwicklung der Rechtssprechung des Einheitlichen Patentgerichts noch ungewiss ist.[66]

Welche Wahlmöglichkeiten bestehen nun für den Nutzer? Müssen nationale Gerichte auch das EPGÜ anwenden? Und ist es möglich, nationale und europäische Gerichtsverfahren parallel laufen zu lassen? Dies sind nur einige der Fragen, die im Folgenden näher betrachtet werden sollen.

I. Die Ausnahmen von der ausschließlichen Zuständigkeit

Mit dem Einheitlichen Patentgerichtssystem wird etwas völlig Neues geschaffen. Während im Inland eine etablierte Rechtssprechung Sicherheit bietet, wird es dann schwer, abzuschätzen, wie die Rechtssprechung bei Klagen entscheiden wird. Patentinhaber könnten so zu der Entscheidung kommen, während der Übergangszeit das Einheitliche Patentgericht als Gerichtsbarkeit ausschließen. Art. 83 EPGÜ bietet dafür die folgenden zwei Möglichkeiten[67]:

- Wahl der nationalen Gerichtsbarkeit nach Art. 83 Abs. 1 EPGÜ,

- Opt-out nach Art. 83 Abs. 3 und Abs. 5 EPGÜ.

Insbesondere durch die Möglichkeit nach Art. 83 Abs. 1 EPGÜ alternativ auch weiterhin Klagen bei nationalen Gerichten oder Behörden zu erheben, ist ein Nebeneinander des bisherigen Patentgerichtssystems und des Einheitlichen Patentgerichts durchaus möglich.[68]

[65]Vgl. Grabinski/Zülch, in: Benkard, Vorbemerkungen § 139-142b PatG Rn. 3c.
[66]Vgl. Osterrieth, Patentrecht, Rn. 291.
[67]Vgl. Osterrieth, Patentrecht, Rn. 292.
[68]Vgl. Benkard/Tochtermann, Internationaler Teil - Das internationale Patentrecht Rn. 172.

Die Ausnahmen von der ausschließlichen Zuständigkeit gelten hingegen nicht für die europäischen Patente mit einheitlicher Wirkung. Diese unterfallen ausnahmslos der Zuständigkeit des Einheitlichen Patentgerichts.[69] Allerdings unterscheidet sich das materielle Recht beider Patentarten hinsichtlich Patentierbarkeit, Patentverletzung, Ausnahmen und Aufhebung nicht. Es ist daher zu erwarten, dass Entscheidungen des Einheitlichen Patentgerichts oder der nationalen Gerichte sowohl Auswirkungen auf die Handhabung mit den europäischen Patenten als auch auf die Handhabung mit den Einheitspatenten haben werden.[70]

1. Die Wahl der nat. Gerichtsbarkeit, Art. 83 Abs. 1 EPGÜ

Gemäß Art. 83 Abs. 1 EPGÜ können Klagen wegen Verletzung bzw. auf Nichtigkeitserklärung eines europäischen Patents ohne einheitliche Wirkung oder Klagen wegen Verletzung bzw. auf Nichtigkeitserklärung eines ergänzenden Schutzzertifikats, das zu einem durch ein europäisches Patent geschützten Erzeugnis ausgestellt worden ist, weiterhin bei nationalen Gerichten oder anderen zuständigen nationalen Behörden erhoben werden. Klagen, die am Ende der Übergangszeit vor einem nationalen Gericht anhängig sind, werden durch den Ablauf der Übergangszeit nicht berührt, Art. 83 Abs. 2 EPGÜ.

Den Parteien steht es also je nach Interessenlage frei, zwischen dem Einheitlichen Patentgericht und dem nationalen Gericht zu wählen. Das Einheitliche Patentgericht ist in der Übergangszeit also nicht ausschließlich, sondern vielmehr alternativ zuständig.[71]

Ein bei dem derzeitigen Patentgerichtssystem bestehendes Problem ist das sog. „Forum-Shopping" (vgl. C.II). Dort versuchen Beteiligte, sich die unterschiedlichen Auslegungen der Gerichte und die Geschwindigkeit der Verfahren und Zuerkennung von Schadensersatzzahlung zunutze zu machen. Besteht diese Option wohlmöglich weiterhin im Rahmen des Art. 83 Abs. 1 EPGÜ? Dies hängt davon ab, welche Klagearten der Zuständigkeit nach Art. 83 Abs. 1 EPGÜ unterliegen und in welchem Verhältnis mehrere Klagen stehen.[72]

Reichweite der Ausnahme

Während die Vorschrift die Reichweite der Zuständigkeit auf dem ersten Blick eindeutig regelt, ergeben sich bei Betrachtung des genauen Wortlauts Fragen. Art. 83 Abs. 1 EPGÜ scheint auf den Wortlaut von Art. 32 EPGÜ einzugehen, der wie in Abschnitt

---

[69] Vgl. Benkard/Tochtermann, Internationaler Teil - Das internationale Patentrecht Rn. 173.
[70] Vgl. Ullrich, IIC 2015, 1, 3.
[71] Vgl. Schröer, GRUR Int. 2013, 1102, 1103.
[72] Vgl. Schröer, GRUR Int. 2013, 1102, 1104.

C.II.2. erwähnt, die einzelnen Klagearten[73] aufzählt, die der ausschließlichen Zuständigkeit unterliegen. Da Art. 83 EPGÜ hingegen nur auf „Klagen wegen Verletzung bzw. auf Nichtigerklärung" Bezug nimmt, scheint es so, als ob die übrigen Klagearten in der ausschließlichen Zuständigkeit des Einheitlichen Patentgerichts verbleiben. Dies würde dann aber zu dem überraschenden Ergebnis führen, dass z.B. für Klagen auf Schadensersatz oder auf Entschädigung zwingend das Einheitliche Patentgericht zuständig wäre. [74] Die Klagen auf Schadensersatz und die Klagen wegen tatsächlicher oder drohender Verletzung als zwei Klagearten aufzuführen, erscheint aber eher willkürlich. Auch bei Betrachtung der Rechtssicherheit und Effizienz der alternativen Zuständigkeit erscheint eine Differenzierung nicht zweckmäßig. Schadensersatzansprüche sind eine zentrale Verletzungsfolge, an der der Patentinhaber in der Regel ein großes Interesse hat. Vor dem Hintergrund des Vertrauensschutzes, der durch Art. 83 EPGÜ zum Tragen kommt, sollte auch bei diesem Anspruch zunächst die Wahlmöglichkeit vorhanden sein. Es sind auch keine vernünftigen Gründe ersichtlich, die ausgerechnet den Schadensersatz von der Regelung auszuschließen. Daher ist es vorstellbar, dass sich in Rechtssprechung und Literatur ebenfalls die Ansicht durchsetzen wird, dass „Klagen auf Schadensersatz" ebenfalls Art. 83 EPGÜ unterliegen. Dies hat dann aber auch zur Konsequenz, dass sich die Reichweite der Norm, nicht nur durch bloße Gegenüberstellung mit Art. 32 EPGÜ ergibt, sondern eine autonome Auslegung erforderlich ist. Ebenso sind „Klagen auf Erlass von einstweiligen Maßnahmen und Sicherungsmaßnahmen und einstweiligen Verfügungen" (Art. 32 Abs. 1 lit. c EPGÜ) nicht in Art. 83 EPGÜ eingeschlossen. Eine Differenzierung zwischen dem einstweiligen Rechtsschutz und dem Hauptsacheverfahren scheint aber nicht sinnvoll. Der Rechtsschutz würde mit Ausschluss des einstweiligen Rechtsschutzes leerlaufen und wäre zudem nicht vor dem Hintergrund des Vertrauensschutzes zu rechtfertigen. Somit liegt es nahe, den Wortlaut des Art. 83 EPGÜ so auszulegen, dass sämtliche Klagen umfasst sind, die „Verletzungsfolgen" betreffen. Damit wären die Klagen auf Schadensersatz und der einstweilige Rechtsschutz bei Art. 83 EPGÜ mit einzubeziehen. Auch aus systematischer Sicht ergibt dies Sinn, da so sämtliche Klagen, die Verletzungsfolgen betreffen, der alternativen Zuständigkeit unterliegen würden.[75]

---

[73] Siehe Art. 32 EPGÜ: „Klagen wegen tatsächlicher oder drohender Verletzung von Patenten und ergänzenden Schutzzertifikaten und zugehörige Klageerwiderungen, einschließlich Widerklagen in Bezug auf Lizenzen; Klagen auf Nichtigerklärung von Patenten und Nichtigerklärung der ergänzenden Schutzzertifikate; Widerklagen auf Nichtigerklärung von Patenten und Nichtigerklärungen der ergänzenden Schutzzertifikate".

[74] Vgl. Osterrieth, Patentrecht, Rn. 293 ff.; Schröer, GRUR Int. 2013, 1102, 1104.

[75] Vgl. Luginbühl/Stauder, GRUR Int. 2014, 885, 889; Schröer, GRUR Int. 2013, 1102, 1104 f.

Keine Blockadewirkung

In der Übergangszeit steht dem Patentinhaber also die Möglichkeit zu, weiterhin die nationale Gerichtsbarkeit zu wählen. Diese Wahlmöglichkeit nach Art. 83 Abs. 1 EPGÜ bietet den Parteien Flexibilität. Dies liegt daran, dass eine Klage in einem Gerichtssystem (Einheitliches Patentgericht oder nationale Gerichte) keine Blockadewirkung hat für spätere Klagen, die dasselbe Patent betreffen, jedoch im jeweils anderen Gerichtssystem erhoben werden. Damit ist es möglich, je nach Interessenlage zu entscheiden, welches Gerichtssystem angerufen werden soll. So kann z.B. auf eine nationale Verletzungsklage vor dem Landgericht Berlin gegen Verletzer A eine zweite Klage aus denselben Patent vor der Lokalkammer in DenHaag gegen Verletzer B folgen. Nicht möglich ist es allerdings Klagen wegen desselben Patents mit denselben Parteien parallel sowohl vor den nationalen Gerichten als auch vor dem Einheitlichen Patentgericht zu erheben. Aber auch z.B. im Verhältnis von Verletzungs- und Nichtigkeitsklagen besteht keine Blockadewirkung. Dadurch kann ein potenzieller Verletzer auf eine nationale Verletzungsklage z.B. vor dem Landgericht Mannheim, mit einer Nichtigkeitsklage vor dem Einheitlichen Patentgericht reagieren. Dieses Vorgehen bietet den Vorteil, dass durch eine einzige Entscheidung das Patent in allen Mitgliedsstaaten für nichtig erklärt wird.[76]

Fazit

Art. 83 Abs. 1 EPGÜ gewährt dem Patentinhaber die Möglichkeit, die ausschließliche Zuständigkeit des Einheitlichen Patengerichts auszuschließen. Damit wird dem Nutzer eine hohe Flexibilität in der Übergangszeit gewährt. Gleichzeitig stellt man aber auch fest, dass sich die Option des „Forum-Shoppings" im Rahmen des Art. 83 Abs. 1 EPGÜ weiterhin bietet. Sie kommt dann in Frage, wenn man einer „weiten" Auslegung des Art. 83 Abs. 1 EPGÜ folgt, bei der auch Klagen auf Schadensersatz und der einstweilige Rechtsschutz mit einbezogen werden. Die Wahlmöglichkeiten bieten ebenfalls Flexibilität, da eine Klage in einem Gerichtssystem keine Blockadewirkung hat für spätere Klagen, die dasselbe Patent betreffen, jedoch in einem anderen Gerichtssystem erhoben werden. Damit wäre aber auch das gewünschte Ziel, dem Forum-Shopping mit dem Einheitlichen Patentgericht entgegenzuwirken, zunächst nicht erfüllt. Es verschiebt sich letztlich nur auf eine europäische Ebene. Auch der Vorbereitende Ausschusses des Einheitlichen Patentgerichts leugnet die Möglichkeit des Forum-Shoppings nicht. Er geht aber davon aus, dass die Möglichkeit des Forum-Shoppings durch die hohe qualitative Besetzung der Richterämter und dem Nutzen der gleichen Rechtsgrundlage in

---

[76] Vgl. Osterrieth, Patentrecht, Rn. 296; Schröer, GRUR Int. 2013, 1102, 1105 f.

allen Mitgliedsstaaten auf ein Minimum reduziert werden kann.[77]

2. Die Möglichkeit des Opt-Outs, Art. 83 Abs. 3 EPGÜ

Neben der Möglichkeit, die nationale Gerichtsbarkeit nach Art. 83 Abs. 1 zu wählen, besteht auch die Möglichkeit des Opt-Outs nach Art. 83 Abs. 3 EPGÜ. Die Regelung sieht vor, dass Inhaber oder Anmelder europäischer Patente die alleinige Zuständigkeit des Einheitlichen Patentgerichts ausschließen können. Während in Abs. 1 also die ausschließliche Zuständigkeit aufgeschlossen wird, wird hier die generelle Zuständigkeit des Einheitlichen Patentgerichts ausgeschlossen.[78]

Diese Möglichkeit besteht, solange keine Klage vor dem Gericht erhoben wurde. Die Inanspruchnahme der Ausnahmeregelung muss der Patentinhaber der Kanzlei spätestens einen Monat vor Ablauf der Übergangszeit mitteilen, Art. 83 Abs. 3 S. 2 EPGÜ. Mit Eintragung in das Register ist die entsprechende Mitteilung wirksam. Sofern noch keine Klage vor dem nationalen Gericht erhoben wurde, können Inhaber oder Anmelder europäischer Patente jederzeit von der Inanspruchnahme des Opt-Outs zurücktreten, Art. 83 Abs. 4 EPGÜ. Dafür muss erneut die Kanzlei in Kenntnis gesetzt werden.

Zu beachten ist, dass mit Eintragung in das Register Gebühren anfallen.[79] Der Wortlaut des Art. 83 Abs. 3 EPGÜ bestimmt eindeutig, dass die Eintragung in das Register und nicht das Datum der Antragsstellung maßgeblich ist. Da anfänglich durchaus mit vielen Opt-Out Anträgen gerechnet werden kann, ist erwogen worden, die Stellung von Anträgen auf ein Opt-Out bereits vor Inkrafttreten des EPGÜ zu erlauben, um so Verzögerungen zu vermeiden. Ansonsten könnten die Verzögerungen bei der Eintragung ins Register dazu führen, durch die schnelle Erhebung von Klagen Patentinhaber das einheitliche Patentgerichtssystem aufzuzwingen. Um beim alten Patentgericht zu bleiben, muss man also im Zweifel selber „den Schritt wagen" und rechtzeitig reagieren. [80] Ein Opt-Out für Klagen, die das Einheitspatent betreffen, ist hingegen nicht möglich.[81]

Sobald das Opt-Out registriert wurde, gilt es für die gesamte „Lebenszeit" des Patents, auch über die Übergangszeit hinaus.[82] Nachdem ein Opt-Out erklärt wurde, werden sämtliche Klagen, die das jeweilige Patent betreffen, ausschließlich vor den nationalen Gerichten erklärt. Damit besteht für den Patentinhaber nicht mehr die Gefahr,

---

[77] Vgl. Unified Patent Court, Impact of the UPC, URL: https://www.unified-patent-court.org/faq/impact-upc-0 (Zugriff am 08.04.2016).

[78] Vgl. Tilmann, Mitt. 2014, 58, 59.

[79] Vgl. Rule 5, Verfahrensordnung zum Einheitlichen Patentgericht, Entwurf in 18. Fassung, URL: http://www.unified-patent-court.org/images/documents/UPC-Rules-of-Procedure.pdf (Zugriff am 08.04.2016).

[80] Vgl. Köllner, Mitt. 2013, 253, 254; Osterrieth, Patentrecht, Rn. 299 f.

[81] Vgl. Luginbühl/Stauder, GRUR Int. 2014, 885, 889.

[82] Vgl. Unified Patent Court, Opt-out and Choice of forum during a transitional period, URL: https://www.unified-patent-court.org/faq/opt-out-and-choice-forum-during-transitional-period-0 (Zugriff am 08.04.2016).

dass durch eine Nichtigkeitsklage das Patent vor dem Einheitlichen Patentgericht in allen Mitgliedsstaaten für nichtig erklärt wird. Allerdings muss er dafür seine Rechte, wie bisher, mittels nationalen und territorial beschränkten Verletzungsklagen durchsetzen.[83] Möchte man die Eintragung wieder rückgängig machen, besteht nach Art. 84 Abs. 4 EPGÜ die Möglichkeit des Opt-Ins. Davon kann immer Gebrauch gemacht werden, solange keine nationale Klage anhängig ist. Dieser blockierender Effekt ist vorgesehen, um unterschiedliche Interpretationen zu vermeiden. Einmal davon Gebrauch gemacht, ist ein zweiter Opt-Out nicht möglich.[84]

Entscheidet sich der Patentinhaber für ein Opt-Out, so sollte er folgende Informationen bei der Registrierung mitteilen[85]:

- Name und Anschrift des Anmelders des europäischen Patents, ggf. Angabe der Vertretung
- Details und Nummer des Patents und/oder der Patentanmeldung bzw. entsprechende Angaben zum ergänzenden Schutzzertifikat und
- eine Erklärung, dass die Person, die den Antrag auf ein Opt-Out stellt, auch tatsächlich dazu berechtigt ist (Declaration of proprietorship).

Wirkung des Opt-Outs

Mit einem Opt-Out steht dem Patentinhaber also die Möglichkeit zur Verfügung, die Zuständigkeit des Einheitlichen Patentgerichts auszuschließen. Strittig ist allerdings, ob die Erklärung eines Opt-Out sich auf die *ausschließliche* Zuständigkeit des Einheitlichen Patentgerichts bezieht, insofern, alsdann das Einheitliche Patentgericht wahlweise neben den nationalen Gerichten immer noch zuständig bleibt. Diese Auslegung wird vereinzelt mit der Argumentation unterstützt, dass der Wortlaut selbst nicht eindeutig wiedergibt, dass ein Opt-Out den vollständigen Ausschluss der Zuständigkeit bewirkt. Folge man dieser Ansicht, würde der Patentinhaber zudem die mit einem Einheitlichen Patentgerichtsurteil erzielbaren Vorteile nicht definitiv verlieren.[86]

Bei dieser Auffassung wird allerdings nicht berücksichtigt, dass das EPGÜ dem Einheitlichen Patentgericht nach Art. 32 Abs. 1 EPGÜ nur eine exklusive Zuständigkeit zuweist. In den Fällen, in denen die Zuständigkeit nicht exklusiv wäre, bestünde überhaupt keine Zuständigkeit. Eine Konstellation wie oben beschrieben sei also vom Gesetzgeber nicht gewollt. Darüber hinaus würde damit die Situation entstehen, dass

[83] Vgl. Schröer, GRUR Int. 2013, 1102, 1103 f.
[84] Vgl. Tilmann, Mitt. 2014, 58, 64.
[85] Vgl. Rule 5, Verfahrensordnung zum Einheitlichen Patentgericht, Entwurf in 18. Fassung, URL: http://www.unified-patent-court.org/images/documents/UPC-Rules-of-Procedure.pdf (Zugriff am 08.04.2016).
[86] Vgl. Nieder, GRUR 2014, 627, 631.

während der Übergangszeit das Einheitspatentgericht nicht exklusiv zuständig wäre, nach Ablauf der Übergangszeit jedoch die Zuständigkeit vollständig ausgeschlossen wäre. Diese Folge entstünde, da nach Art. 32 Abs. 1 EPGÜ das Patentgericht bei europäischen Patentsachen ausschließlich zuständig ist.[87] Die Ansicht, die Zuständigkeit des Einheitlichen Patentgerichts würde durch ein Opt-Out nur die ausschließliche Zuständigkeit betreffen, ist letztlich auch mit Blick auf die Begründung des Vorbereitenden Ausschusses des Einheitlichen Patentgerichts zu verneinen. Demnach soll Art. 83 Abs. 3 EPGÜ genau die gleiche Wirkung wie auch Art. 81 Abs. 1 EPGÜ entfalten. Nach einem Ausschluss soll also nur noch das nationale Gericht zuständig sein. So war es auch die Absicht des Gesetzgebers, mit dem Opt-Out den Patentinhabern die Möglichkeit zu geben, jegliche Zuständigkeit des Einheitlichen Patentgerichts für ein Patent auszuschließen.[88]

Im Ergebnis bedeutet dies, dass mit dem Ausschluss nach Art. 83 Abs. 3 EPGÜ nur noch die nationalen Gerichte bei Patentstreitigkeiten zuständig sind.

II. Anwendbares Recht für nationale Gerichte

Mit den Wahlmöglichkeiten nach Art. 83 Abs. 1 und Abs. 3 EPGÜ können Nutzer in der Übergangszeit weiterhin nationale Gerichte statt das Einheitliche Patentgericht wählen. Hier stellt sich die Frage, welches Recht bei Nutzung der Möglichkeit von den nationalen Gerichten anzuwenden ist - nationales Recht der das Recht nach dem EPGÜ?

Art. 24 EPGÜ nennt die folgenden Rechtsquellen, auf die das Einheitliche Patentgericht seine Entscheidungen in Rechtsstreitigkeiten stützen wird:

- das Unionsrecht,
- das EPGÜ,
- das EPÜ,
- andere internationale Übereinkommen, die für Patente gelten und für alle Vertragsmitgliedsstaaten bindend sind, und
- das nationale Recht.

Die Reihenfolge der genannten Rechtsquellen ist nicht willkürlich gewählt. Es wird damit ein Stufenverhältnis festgelegt und der Vorrang des Unionrechts etabliert.[89] Gilt die

[87] Vgl. Preu, Bohlig & Partner, Die Zuständigkeitsverteilung zwischen den nationalen Patentgerichten und dem Einheitlichen Patentgericht im Übergangszeitraum nach Inkrafttreten des EPGÜ, S. 2, URL: https://www.preubohlig.de/deutsch/eu-patent/Papier.pdf (Zugriff am 08.04.2016).

[88] Vgl. Unified Patent Court, Opt-out and choice of forum during a transitional period, URL: https://www.unified-patent-court.org/faq/opt-out-and-choice-forum-during-transitional-period-0 (Zugriff am 08.04.2016).

[89] Vgl. Haedicke, GRUR Int. 2013, 609, 612.

in Art. 34 EPGÜ genannte Normpyramide auch für nationale Gerichte bei europäischen Patentsachen? Oder wird wie bisher auf das nationale Recht zurückgegriffen? Weder Art. 83 EPGÜ, noch Art. 3 EPGÜ, der den Anwendungsbereich benennt, gibt hierzu eine klare Aussage. Bei diesen Fragen stehen sich verschiedene Ansichten gegenüber.

Vereinzelt wird ein Opt-Out so interpretiert, dass zwar die Zuständigkeit des Einheitlichen Patentgerichts ausgeschlossen wurde, nicht aber die Anwendung des EPGÜ abgewählt werden kann. Auch Art. 83 kann so verstanden werden, dass zwar das zuständige Gericht gewählt wird, nicht aber das zugrunde liegende Recht. Die Möglichkeit dieses Schrittes würde bedeuten, dass die „civil law relation" einseitig geändert werden kann. Die Ansicht wird zudem damit begründet, dass das EPGÜ der Rechtsvereinheitlichung dient. Als Konsequenz daraus müssten auch nationale Gerichte ebenfalls das EPGÜ und die in Art. 24 EPGÜ genannten Rechtsquellen bei ihren Entscheidungen zugrunde legen. In einem weiteren Schritt wären sie dann auch verpflichtet, sich bei Zweifelsfragen an den EuGH zu wenden.[90]

Demgegenüber wird eingewandt, dass mit Ausschluss der Zuständigkeit des Einheitlichen Patentgerichts, auch die Anwendung des EPGÜ ausgeschlossen wird. Vielmehr soll das nationale Recht vor den nationalen Gerichten nach Nutzung des Art. 83 EPGÜ Anwendung finden. Begründet wird dies damit, dass das Einheitliche Patentgerichtssystem aus dem Grund heraus entstanden ist, eine europaweit einheitliche Rechtssprechung zu etablieren. Dabei hat man sich absichtlich gegen die Harmonisierung des nationalen Patentrechts entschieden, wie etwa beim EU-Markenrecht. Anders als beim einheitlichen Patentgerichtssystem, können dort Vorabentscheidungen an den Europäischen Gerichtshof gestellt werden. Diese Möglichkeit ist hier, anders als beim EU-Markenrecht, nicht möglich. Nationale Gerichte können als Konsequenz auch keine Vorabentscheidungen durch das Einheitliche Patentgericht verlangen. Würde man nationale Richter aber dennoch nach dem EPGÜ entscheiden lassen, so würde wieder Platz für verschiedenste Interpretationen geboten werden. Das würde letztlich den Zweck des Einheitlichen Patentgerichtsystems verfehlen. Dies ist der Grund, warum nationale Gerichte bei Streitigkeiten wegen europäischen Patentsachen weiterhin nationales Recht anwenden und nicht nach dem EPGÜ entscheiden. [91]

Während sich also teilweise auf denn Sinn des EPGÜ, der Rechtsvereinheitlichung, berufen wird, überzeugt die andere Meinung durch den pragmatischen Ansatz. Auch wenn dies nicht die konsequente Umsetzung der Harmonisierung des Patentrechts bedeutet, so überzeugt diese Meinung mehr. Auf diese Weise werden noch mehr Interpretationen und der Einfluss nationaler Rechtsinterpretationen vermieden, die es ohnehin schon durch die Lokal- und Regionalkammern geben wird.

---

[90]Vgl. Tilmann, Mitt. 2014, 58, 60 f.; Tilmann, VPP Rundbrief 2013, 56, 59.

[91]Vgl. Unified Patent Court, Interpretative note – Consequences of the application of Article 83 UPCA v. 29.01.2014, URL: https://www.unified-patent-court.org/news/interpretative-note—consequences-application-article-83-upca (Zugriff am 08.04.2016).

Die endgültige Antwort auf diese Frage wird wohl erst durch die Rechtssprechung des Einheitlichen Patentgerichts beantwortet werden. Die Wichtigkeit dieser Unterscheidung zeigt sich etwa darin, dass in Deutschland bei einer Patentverletzung automatisch nach § 139 PatG ein Unterlassungsanspruch gewährt wird, während dieser Automatismus im Rahmen de EPGÜ nicht vorgesehen ist (vgl. Art. 35-27, Art. 63 EPGÜ).[92]

Das fehlende Trennungsprinzip

Je nachdem, für welches Gericht man sich entscheidet, kann es bei den Verfahren zu Unterschieden kommen. Ein Unterschied ist das sog. Trennungsprinzip. Bereits während der Entstehung des EPGÜ wurde das im Gesetz fehlende Trennungsprinzip diskutiert.

In Deutschland sieht das PatG *zwingend* das Trennungsprinzip vor. Darunter versteht man eine Trennung des Nichtigkeits- und Verletzungsverfahren. So kann in Deutschland ein rechtskräftig erteiltes (europäisches) Patent nur in dem dafür vorgesehenen Nichtigkeitsverfahren auch für nichtig erklärt werden. In einem Verletzungsprozess hingegen wird die Rechtsgültigkeit des Patents, so wie es erteilt wurde, hingenommen. Eine Prüfung der Rechtmäßigkeit findet von Amtes wegen nicht statt.[93] Diese Trennung kann als Vorteil dienen und wird wohl auch im Ausland geschätzt. So geht man davon aus, dass nur in rund einem Viertel aller Patentstreitigkeiten der Nichtigkeitseinwand erhoben wird. Die übrigen Verfahren können wiederum zügig abgeschlossen werden.[94] Die Verfahrenstrennung kann aber auch Nachteile mit sich bringen, insbesondere dann, wenn man als Kläger gegen ein Patent vorgehen möchte. So ist eine weit verbreitete Strategie von Patentinhabern, in Verletzungsverfahren eine sehr weite Auslegung und in Nichtigkeitsverfahren eine sehr enge Auslegung zu vertreten. Dank des Trennungsprinzips sind die Verfahren unabhängig voneinander und ohne Bindungswirkung. Er kann also mit beiden Auffassungen Erfolg haben. Die Möglichkeit, gem. § 148 ZPO das Verletzungsverfahren bis zum rechtskräftigen Abschluss des Nichtigkeitsverfahrens auszusetzen, wird in der Regel von den Instanzgerichten, mit Ausnahme vom Bundesgerichtshof, eher restriktiv eingesetzt.[95]

Das Trennungsprinzip ist im EPGÜ nicht bzw. nur begrenzt vorgesehen. Gem. Art. 33 Abs. 2 EPGÜ können vielmehr die Lokal- oder Regionalkammern nach Anhörung der Parteien nach eigenem Ermessen entscheiden, ob die Verletzungsklage als auch die Widerklage auf Nichtigkeitserklärung gemeinsam verhandelt werden sollen. Alternativ kann auch die Widerklage auf Nichtigkeitserklärung zur Entscheidung an die Zentral-

---

[92] Vgl. Osterrieth, Patentrecht, Rn. 324.
[93] Vgl. BPatG, GRUR 1995, 394, 395 - „Perfluorocarbon"; OLG Düsseldorf, GRUR-RR 2007, 219; Rogge/Kober-Dehm, in: Benkard, § 22 PatG Rn. 7.
[94] Vgl. Weiden, GRUR 2010, 119.
[95] Vgl. Hall/Nobbe, in: Benkard, Vorbemerkungen § 81 - § 85a PatG Rn. 12.

kammer verwiesen und das Verletzungsverfahren ausgesetzt werden oder aber der Fall kann mit Zustimmung der Parteien zur Entscheidung insgesamt an die Zentralkammer verwiesen werden. Die Möglichkeit, das Nichtigkeits- und Verletzungsverfahren zusammen zu prüfen entspricht nicht dem in Deutschland gültigen Trennungsprinzip. Es kann aber im Einzelfall Vorteile bieten und Unzulänglichkeiten, die sich aus dem Trennungsprinzip ergeben, überwinden.[96]

Das fehlende Trennungsprinzip kann also als Vor- oder Nachteil gesehen werden. Nachteilig ist es vor allem für die Patentinhaber, die bislang in Deutschland das Trennungsprinzip taktisch zu Ihren Gunsten nutzen konnten. Dies stellt sich wiederum als ein Vorteil für den Kläger dar, da bei Zusammenführung der Prozesse unterschiedliche Auslegungen nicht mehr möglich sind und das Verfahren damit insgesamt fairer und ausgeglichener erscheint. Die Zusammenführung der Prozesse kann allerdings dazu führen, dass diese insgesamt aufwändiger werden.

III. Einfluss des nationalen Rechts

Entscheidet sich der Patentinhaber gegen die Zuständigkeit des Einheitlichen Patentgerichts und für das nationale Gericht, wird dort weiterhin nationales Recht angewandt. Aber auch das Einheitliche Patentgericht kann nach Art. 24 EPGÜ auf das nationale Recht als eine Rechtsquelle zurückgreifen. Abgesehen von diesem ausdrücklichen Verweis, hat das jeweilige nationale Recht keine unmittelbare Bedeutung für das Einheitliche Patent[97]. Mit Nennung des nationalen Rechts ist es dennoch fraglich, wie weit damit auch ein Rückgriff auf die traditionelle Rechtssprechung gemeint ist.

Betrachtet man den Wortlaut des Artikels, so wird das nationale Recht als Rechtsquelle nach den Verordnungen, dem EPGÜ, EPÜ und internationalen Übereinkünften genannt. Auch wenn in der Normpyramide das nationale Recht „rangniedrig" ist, kann es aber dennoch eine mögliche Rechtsquelle bei Entscheidungen von Streitigkeiten sein, in denen die anderen Rechtsquellen nicht weiterhelfen. Damit könnte man befürchten, dass die Richter bei Anwendung des nationalen Rechts die „altbewährten" Auslegungen verwenden.

Ein Rückgriff auf das nationale Recht ist immer dann erforderlich, wenn die in Art. 24 EPGÜ vorab genannten Rechtsquellen keine Regelungen aufweisen, wie etwa bei Insolvenzfragen. Wie ist das nationale Recht aber dann zu interpretieren? Eine Auslegung sollte dann immer mit dem Ziel erfolgen, das zukünftige Einheitliche Patentsystem zu verwirklichen. [98] Um sich von den unterschiedlichen nationalen Gerichtssystemen zu lösen und das Einheitliche Patentgericht zu etablieren, ist eine entsprechende Aus-

[96] Vgl. Osterrieth, Patentrecht, Rn. 255.
[97] Vgl. Haedicke, GRUR Int. 2013, 609, 611.
[98] Vgl. Haedicke, GRUR Int. 2013, 609, 611.

legung nur logisch und konsequent. Andernfalls wäre das eigentliche Ziel des Einheitlichen Patentsystems nicht erreicht.

Eine noch drastischere Sichtweise ist die, dass vor dem Hintergrund der Harmonisierung und Vereinheitlichung die direkte Anwendung des nationalen Rechts abzulehnen sei. Eine Harmonisierung kann demnach nur erreicht werden, wenn die bisherige nationale Rechtssprechung als Inspiration dient, nicht aber eine maßgebliche weitere Rechtsgrundlage für Entscheidungen darstellt. Nichts anderes könne auch für die europäischen Patente ohne einheitliche Wirkung gelten. Darüber hinaus sollen gerade die Parallelverfahren durch verschiedene nationale Gerichte vermieden werden, ein direkter Einfluss des nationalen Rechts wäre da hinderlich.[99]

Wie nun das nationale Recht tatsächlich als eine Rechtsquelle des Einheitlichen Patentgerichts benutzt wird und wie konsequent die Auslegung erfolgt, wird sich erst in der Praxis zeigen. Gerade bei den Lokal- und Regionalkammern ist zu erwarten, dass nationales Recht dort einen größeren Einfluss bei Entscheidungen haben wird[100]. Während in der Literatur diskutiert wird, inwiefern die Auslegung erfolgen soll oder ob eine direkte Anwendung ausgeschlossen werden sollte, so haben sie doch im Kern gemeinsam, dass die Anwendung stets vor dem Hintergrund der gewünschten Vereinheitlichung stattfindet und die nationale Rechtssprechung zurücktreten muss.

IV. Anpassungen der EuGVVO

In der Übergangszeit des EPGÜ steht dem Patentinhaber die Möglichkeit zur Verfügung, weiterhin das nationale Gericht für zuständig zu erklären. Ist es damit auch möglich, parallel sowohl vor dem nationalen Gericht als auch dem Einheitlichen Patentgericht zu klagen?

Bis Anfang 2015 war diese Frage gesetzlich nicht geregelt. Vorschriften zur Festlegung der internationalen Zuständigkeit der Gerichte der Mitgliedsstaaten und zur Verhinderung von Parallelverfahren vor Gerichten verschiedenerer Mitgliedsstaaten enthält grundsätzlich die EuGVVO (auch „Brüssel I-Verordnung“ genannt, VO (EG) Nr 44/2001 des Rates über die gerichtliche Zuständigkeit und die Anerkennung und Vollstreckung von Entscheidungen in Zivil- und Handelssachen vom 22. 12.2000). Das Problem war, dass sich die bis 2015 geltende Fassung des EuGVVO bei den relevanten Art. 29 bis 32 EuGVVO, die auch bei der bereits erwähnten Torpedoproblematik (siehe Abschnitt D) eine Rolle spielen, das Einheitliche Patentgericht bis dahin nicht als Gericht mit einbezog. Mit Art. 29 EuGVVO, nach dem das später angerufene Gericht das Verfahren von Amtes aussetzt, bis die Zuständigkeit des zuerst angerufenen Gerichts feststeht, sind parallele Verfahren nicht möglich, da immer nur ein Gericht zuständig

[99] Vgl. Osterrieth, Patentrecht, Rn. 321 f.
[100] Vgl. Haedicke, GRUR Int. 2013, 609, 611.

sein kann.

Art. 29 bis 32 EuGVVO gilt nun aber mit der Neufassung vom 26. 02.2015 auch zwischen dem Einheitlichen Patentgericht und den nationalen Gerichten, Art. 71c Brüssel Ia-VO. Die neue Brüssel Ia-Verordnung bzw. EuGVVO (VO (EU) Nr. 1215/2015) beinhaltet, wie bereits zuvor, Regelungen über die gerichtliche Zuständigkeit und die Anerkennung von Entscheidungen in Zivilsachen. Sie hat das Ziel, Vorschriften zu vereinheitlichen und eine unkomplizierte Anerkennung und Vollstreckung von Entscheidungen zu gewährleisten. Parallelverfahren und unvereinbare Entscheidungen sollen so möglichst vermieden werden.[101] Die neue Verordnung reformiert und ersetzt ihre Vorgängerin.

Die Änderungen wurden auf Vorschlag der Europäischen Kommission[102] vorgenommen. Begründet wurden die Vorschläge zunächst damit, dass das EPGÜ nach dem dortigen Art. 89 erst in Kraft treten kann, wenn auch die Brüssel-I-VO entsprechend angepasst werden würde. Auf diese Weise soll eine Übereinstimmung zwischen dem Übereinkommen und der Verordnung gesichert sein und die gerichtliche Zuständigkeit in den Fällen geklärt werden, in denen der Beklagte außerhalb der EU ansässig ist. Das dies nicht irrelevant ist, zeigt sich schon daran, dass viele der größten Patentanmelder, wie z.B. Samsung, ihren Sitz nicht in der EU haben. Mit den Änderungen wurde außerdem dem Vorschlag entsprochen, dass das Einheitliche Patentgericht als ein gemeinsames Gericht bestimmter Mitgliedsstaaten den gleichen unionsrechtlichen Verpflichtungen unterworfen ist, wie die nationalen Gerichte. Um dem zu entsprechen, wurden folgende Punkte, basierend auf den Vorschlägen der Europäischen Kommission, angepasst[103]:

[101] Vgl. Erwägungsgründe, Brüssel Ia-VO.

[102] Vgl. Europäische Kommission, Vorschlag zur Änderung der Verordnung (EG) Nr. 1215/2012 v. 26.07.2013, COM(2013), 554 final.

[103] Vgl. COM(2013), 554 final, S. 3 ff.

	Änderungsvorschläge	*Erläuterung d. EU-Kommission*
1.	Die Anpassung des Wortlautes in der Verordnung, dass auch das Einheitliche Patentgericht ein Gericht im Sinne der Brüssel-I-VO ist,	Die interne Kompetenzverteilung des Einheitlichen Patentgerichts würde zulassen, dass ein Beklagter vor eine Kammer kommen würde, die aber nach den Regeln der Brüssel-I-VO nicht zuständig wäre. Die alte Art. 71 EuGVVO lässt keine neuen Übereinkommen zu. Daher ist es erforderlich, klarzustellen, dass das Einheitliche Patentgericht auch als Gericht eines Mitgliedsstaates i.S.d. Brüsseler-I-VO ist.
2.	Die Präzisierung der Zuständigkeitsregeln für das Einheitliche Patentgericht und die Einführung einheitlicher Regelungen über die internationale gerichtliche Zuständigkeit gegenüber Beklagten aus Drittstaaten,	Aus Transparenzgründen sollte diese Klausel eingefügt werden, da ähnliche Vorschriften bereits in der EuGVVO für andere Übereinkommen getroffen wurden. Es fehlt zudem an Regelungen zur Bestimmung der Zuständigkeit bei gemeinsamen Gerichten wie das Einheitliche Patentgericht. Wie auch bei den Verordnungen der Gemeinschaftsmarke, sollen daher einheitliche Gerichtsstandsregeln gegenüber Beklagten aus Drittstaaten aufgenommen werden. Dies gewährleistet den Zugang zum Gericht, unabhängig davon, ob der Beklagte in einem EU-Mitgliedsstaat ansässig ist oder nicht.

3.	Die Festlegung der Anwendung der Bestimmungen über die Rechtshängigkeit und im Zusammenhang stehende Verfahren in Bezug auf das Einheitliche Patentgericht und die nationalen Gerichte, auch während der Übergangszeit,	Es sollen die Bestimmung der Rechtshängigkeit und im Zusammenhang stehende Verfahren im Verhältnis zwischen dem Einheitlichen Patentgericht und Gerichten von Nicht-Mitgliedsstaaten Anwendung finden. Dies gilt auch im Übergangszeitraum zwischen dem Einheitlichen Patengericht und den nationalen Gerichten. **Parallele Klagen sind damit nicht möglich.**
4.	Die Anpassung der Regeln über die Anerkennung und Vollstreckung im Rechtsverhältnis zwischen Mitgliedsstaaten, die Vertragspartei der internationalen Übereinkünfte sind, und Mitgliedsstaaten, die keine Vertragsparteien sind.	Diese Regelung gibt es bereits für andere Übereinkommen. Daher soll aus Transparenzgründen diese Klarstellung auch auf das EPGÜ ausgeweitet werden.

Die vier geforderten Änderungen wurden in der reformierten Verordnung in den Art. 71a bis 71d realisiert und beziehen nun bei Regeln über die Zuständigkeit der Gerichte das Einheitliche Patentgericht mit ein.

Nunmehr lässt sich damit insbesondere festhalten, dass es gesetzlich nicht möglich ist, *parallel* Klagen zwischen denselben Parteien zu denselbem Streitgegenstand sowohl vor dem nationalen Gericht als auch vor den Einheitlichen Patentgericht zu erheben. Es greift dann Art. 29 EuGVVO, nach der das später angerufene Verfahren von Amtes wegen ausgesetzt wird, bis die Zuständigkeit des zuerst angerufenen Gerichts feststeht.

V. Taktische Überlegungen

Mit dem Einheitspatent besteht die Möglichkeit eines einheitlichen Patentschutzes in allen teilnehmenden Mitgliedsstaaten. In der Übergangszeit kann der Patentinhaber aber die Möglichkeit gem. Art. 83 EPGÜ nutzen und die Zuständigkeit des EPGÜ ausschließen. Die fehlende Blockadewirkung ermöglicht spätere Klagen, die dasselbe Patent betreffen, jedoch im jeweils anderen Gerichtssystem erhoben werden. Damit ist es möglich, je nach Interessenlage zu entscheiden, welches Gerichtssystem angerufen werden soll. Nur das Opt-Out bietet dem Patentinhaber die Möglichkeit die Zuständigkeit des Gerichts auszuschließen. Um sich als Patentinhaber für ein Opt-Out zu entscheiden, ist der Nutzer gezwungen sich sogar relativ früh damit auseinanderzusetzen, ob für ihn das Einheitliche Patentgerichtssystem mehr Vor- oder Nachteile mit sich bringt.

1. Taktische Fragen

Um zu entscheiden, ob man nun von Art. 83 EPGÜ Gebrauch macht, muss sich aber zunächst der Patentinhaber festgelegt haben, ob er ein europäisches Patent mit oder ohne einheitlicher Wirkung anmelden möchte. Folgende taktische Überlegungen sollte der Patentinhaber daher durchdenken[104]:

- Soll ich das Einheitspatent für alle Mitgliedsstaaten erwerben und dann Antrag auf einheitliche Wirkung stellen?
- Soll ich vielleicht lieber Gebrauch von dem Wahlrecht oder Opt-Out nach Art. 83 EPGÜ machen?

2. Die Vor- und Nachteile

Hat sich der Patentinhaber entschieden, ob er ein Einheitspatent anmelden möchte, kann er schließlich abwägen, ob er von dem Opt-Out Gebrauch machen möchte oder nicht. Welche Vorteile bringt nun das europäische Patent mit einheitlicher Wirkung also gegenüber dem bereits bestehenden europäischen Patent? Und welche Aspekte könnten Nutzer von der Anmeldung eines solchen Patents abhalten?

Vorteile

Die Einführung des Einheitspatents soll eine Reihe von Erleichterungen mit sich bringen. Ein Vorteil, der sich bereits aus dem Namen ergibt, ist zunächst der auf dem Territorium aller teilnehmenden Staaten einheitliche Charakter. Es bietet damit einheitlichen Schutz und hat die gleiche Wirkung in allen Staaten.[105] Dies schafft eine Erleichterung, da man sich dann nicht mehr mit den jeweiligen nationalen Gegebenheiten auseinandersetzen muss.

[104] Vgl. Tilmann, VPP Rundbrief 2013, 56, 59 f.
[105] Vgl. Luginbühl, GRUR Int. 2013, 305, 307.

Auch die niedrigen Kosten sind dem Europäischem Patentamt zufolge ein Vorteil. So erhält man einen Schutz in mindestens 13 bis 26 Ländern, zahlt aber nur soviel, wie für einen Patentschutz in vier Ländern unter dem „klassischen" europäischen Patentsystem.[106] Die Einheitliche Wirkung kann sich finanziell also dann lohnen, wenn ein Schutz in mehr als vier Ländern benötigt wird.

Das EPGÜ schafft außerdem eine neue Patentgerichtsbarkeit, die ausschließlich für Streitigkeiten in Bezug auf Einheitspatente und auch für die europäischen Bündelpatente zuständig und darauf spezialisiert ist.

Ein weiterer, bereits erwähnter Vorteil ist außerdem, dass, anders als bei dem Bündelpatent, die Patentschrift nicht in die jeweilige Landessprache übersetzt werden muss; es genügt eine Übersetzung in die drei Amtssprachen des europäischen Patentamts (Deutsch, Englisch, Französisch). Damit soll der Patentschutz zukünftig leichter und günstiger zugänglich sein. [107] Durch die Vereinfachung der Übersetzung können Unternehmen zudem Geld einsparen, da Übersetzungen in viele verschiedene Landessprachen dann nicht mehr nötig wären. Weitere Kosten können zudem reduziert werden, da nur noch eine Anmeldung erforderlich ist, und die Verwaltung sich auf ein Patent anstatt auf viele nationale Patent beschränkt. Darüber hinaus ist nur noch ein Gerichtsverfahren zu führen. Dies spart Anwalts- und Gerichtskosten.

Auf dem ersten Blick scheint es also zunächst mehr Sinn zu machen, das Einheitliche Patentgericht anzurufen. Allein schon aus dem Grund, dass eine Klage Auswirkung in allen Mitgliedsstaaten hat und nicht territorial beschränkt ist. Unter Umständen kann es sich aber trotzdem lohnen, in der Übergangszeit Klage vor einem nationalen Gericht zu erheben, um dort eine günstigere Entscheidung zu erhalten.

Nachteile

Die Einführung des europäischen Patents mit einheitlicher Wirkung kann allerdings neben den Vorteilen auch eine Reihe von Nachteilen mit sich bringen. So entfaltet es seine Wirkung in allen teilnehmenden Mitgliedsstaaten, es kann aber im Umkehrschluss auch in allen Staaten beschränkt oder für nichtig erklärt werden.[108] Ebenfalls ein Nachteil ist damit auch, dass das Einheitspatent nur für alle teilnehmenden Mitgliedsstaaten übertragen oder belastet werden kann.[109]

Die Neuheit des einheitlichen Patentgerichts kann zudem zu einem „Rechtsrisiko" führen, da sich zunächst eine klare Rechtssprechung etablieren muss. Gerade in der Anfangszeit ist kaum abschätzbar, wie die Verfahren entschieden werden. Ein weite-

[106] Vgl. Europäsches Patentamt, Annual Report 2015 - Highlights of 2015, URL: https://www.epo.org/about-us/annual-reports-statistics/annual-report/2015/highlights/unitary-patent.html (Zugriff am 08.04.2016).

[107] Vgl. Thomas Arntz, EuZW 2014, 544, 545.

[108] Vgl. Luginbühl, GRUR Int. 2013, 305, 307.

[109] Vgl. Nieder, GRUR 2015, 728, 729.

rer Vorzug des nationalen Patentgerichtssystems ist es, dass im nationalen Verfahren drei deutsche Richter die Verfahren nach bekanntem Recht entscheiden. Beim Einheitlichen Patentgericht können die Richter auch aus anderen Ländern kommen. Gerade zu Beginn ist es wahrscheinlich, dass sich die Richter bei ihren Entscheidungen am eigenen nationalen Recht orientieren. So können Entscheidungen ergehen, die man so bei nationalen Verfahren nicht erwartet hätte. Nachteilig ist wiederum, dass mit Wahl des nationalen Gerichts wieder ein territorial beschränktes Urteil erlassen wird. Es kann also je nach Situation erforderlich sein, in weiteren Ländern Klage zu erheben, darüber hinaus auch noch in der jeweiligen Landessprache.

Ebenfalls nachteilig können gerade für kleine Unternehmen die Anmeldegebühren sein. Obwohl man mit dem europäischen Patent mit einheitlicher Wirkung insbesondere im Sinn hatte, Patentanmeldungen für kleinere Unternehmen attraktiver und einfacher zu gestalten, so könnte es nun an den Kosten für die Anmeldung einer Erfindung scheitern. So schätzt man diese Kosten insgesamt im internationalen Vergleich zu hoch ein. Immerhin können kleinere Unternehmen, die in einem Mitgliedsstaat sitzen, die keine EPO-Mitgliedssprache ist, einen finanziellen Ausgleich für die Übersetzung erhalten. Viel entscheidender, als die Kosten gegenüber einem durchschnittlichen Bündelpatent zu senken, wäre eine Annäherung an die viel günstigeren Kosten an Patente z.B. in den USA anzupassen. Es wird sich zeigen, ob die geplante Gebührenordnung einen praxistauglichen Kompromiss bereithalten wird.[110]

Daneben könnte Art. 63 EPGÜ den Patentinhaber dazu bewegen, in der Übergangszeit Gebrauch von dem Opt-Out zu machen. So sieht Absatz 1 der Vorschrift vor, dass das Einheitliche Patentgericht, bei Feststellung einer Patentverletzung, eine Verfügung erlassen *kann*, um die Fortsetzung der Patentverletzung zu untersagen. Dieser Spielraum ist deutschen Gerichten nicht gegeben. Besteht in Deutschland ein Unterlassungsanspruch, so ist er nach § 139 Abs. 1 PatG zu erlassen, auch dann, wenn die Verletzung das erste Mal geschieht. Diese Regelung ist deutlich strenger, bietet aber mehr Rechtssicherheit für den Patentinhaber. In anderen Ländern kann dies aber ganz anders aussehen.

Darüber hinaus kann für einen Kläger das in Deutschland geltende Trennungsprinzip ein Vorteil darstellen, da die Prozesse unabhängig voneinander sind und er so jeweils die für sich günstige Auslegungen nutzen kann. Für einen Gegner kann dies aber ebenso gut auch als Nachteil gesehen werden.

3. Fazit

Für die Nutzer ergeben sich eine Reihe von Vor- aber auch Nachteilen bei dem europäischen Patent mit einheitlicher Wirkung.

---

[110] Vgl. Weiden, GRUR 2015, 860.

Besteht im Unternehmen der Bedarf, sein Patent in mehreren Ländern anmelden zu wollen, so ist das Einheitspatent zukünftig eine große Erleichterung, auch wenn es mit dem Risiko verbunden ist, dass es genauso gut in allen Staaten wieder für nichtig erklärt werden kann. Während die verschiedenen nationalen Rechtsvorschriften und Rechtssprechung mitunter schwierig zu erfassen sind, kann bei einer gemeinsamen rechtlichen Basis das Risiko der Patentanmeldung immerhin vorab besser eingeschätzt werden. Zudem erhält man für das größere Risiko auch einen weitreichenderen Schutz. Auch das Rechtsrisiko der anfangs noch ungewissen Rechtssprechung wird sich mit der Zeit legen.

Ein Problem, das die Einführung des Patents erschweren könnten, sind die aus Praxissicht zu hohen Patentgebühren. Es bleibt abzuwarten, ob die Gebührenordnung hier noch Änderungen bereithalten wird. Auch der Unterlassungsanspruch, der im Ermessen des Einheitlichen Patentgerichts liegt, stellt einen Nachteil für Patentinhaber dar und kann dazu führen, zumindest in der Übergangszeit von dem Opt-Out Gebrauch zu machen. Durch das fehlende Trennungsprinzip ist dem Nutzer auch eine strategische Möglichkeit genommen worden, die aber aus Sicht des Gegners durchaus als gerecht angesehen werden kann.

Letztlich kann keine generelle Empfehlung für oder gegen das Patent mit einheitlicher Wirkung abgegeben werden. Das gleiche gilt auch für die Frage, ob man von den Ausschlussmöglichkeiten in Art. 83 EPGÜ Gebrauch macht. Es ist von der Einzelsituation abhängig, ob sich die einheitliche Wirkung lohnt und rentiert oder ob es von Vorteil ist, weiterhin vor den nationalen Gerichten zu klagen.

Eine sinnvolle Strategie kann aber sein, ein Opt-Out zunächst auf alle bestehenden europäischen Patente zu erklären. Dies ist nicht weiter schädlich, da jederzeit wieder ein Opt-In erklärt werden kann. Auf diese Weise kann zunächst beobachtet werden, wie sich das neue Rechtssystem entwickelt. Ein Ausweichen auf nationale Patente ist also nicht notwendig.[111] Auch aus ökonomischer Sicht kann ein Opt-Out sinnvoll sein. Dies minimiert immerhin auch die Gefahr, dass durch ein Urteil des Einheitlichen Patentgerichts das Patent in allen Mitgliedsstaaten für nichtig erklärt wird. Allerdings muss bei dem Opt-Out bedacht werden, dass man sich damit (zunächst) auch die Möglichkeit verschließt, sich nach gescheiterter Klage vor dem nationalen Gericht an das Einheitliche Patentgericht zu wenden.[112]

VI. Zusammenfassung

Zukünftig kann der Patentinhaber entscheiden, ob er ein nationales oder europäisches Patent ohne bzw. mit einheitlicher Wirkung anmelden möchte. Wie ist nun die Ver-

[111] Vgl. Köllner, Mitt. 2013, 253, 254.
[112] Vgl. Tilmann, Mitt. 2014, 58, 64.

teilung der Zuständigkeit bei europäischen Patentsachen in der Übergangszeit nach Inkrafttreten des EPGÜ?

Sobald das EPGÜ in Kraft tritt, werden zukünftig Verletzungs- oder Nichtigkeitsklagen bezüglich Einheitspatente aber auch europäischer Patente ausschließlich vor dem Einheitlichen Patengericht bestritten. Um zu verhindern, dass das materielle neue Patentrecht aufgezwungen wird, gibt es jedoch Ausschlussmöglichkeiten. So kann der Nutzer nach Art. 83 Abs. 1 EPGÜ die nationale Gerichtsbarkeit wählen oder nach Art. 83 Abs. 3 EPGÜ ein Opt-Out registrieren. Beides führt dazu, dass die Verfahren weiterhin vor dem nationalen Gericht nach nationalem Recht geführt werden können. Die Meinungen, ob das EPGÜ trotz Wahl des nationales Gerichts Anwendung findet, gehen auseinander. Vor dem Hintergrund der angestrebten Rechtssicherheit könnte man dem Zustimmen. Damit würde man aber Rechtsinterpretationen der nationalen Gerichte zulassen, die gleichzeitig keine Vorabentscheidung durch das Einheitliche Patentgericht verlangen können. Nationale Gerichte wenden dann also in Verfahren, mit allen damit verbundenen Vor- und Nachteilen, wie bisher das nationale Recht an. Endgültige Sicherheit über die Frage wird es aber erst in der Praxis geben. Ebenso wird diskutiert, inwiefern das nationale Recht Einfluss auf die Rechtssprechung des Einheitlichen Patentgerichts haben wird. Auch hier gibt es verschiedene Meinungen, die aber im Kern darauf hinauslaufen, dass die Anwendung stets vor dem Hintergrund der gewünschten Vereinheitlichung stattfindet und die nationale Rechtssprechung zurücktreten muss. Inwiefern dem tatsächlich gefolgt wird, wird sich in der Praxis aber erst noch zeigen müssen.

Bei Betrachtung der Zuständigkeiten beider Gerichte, kommt man zu dem Schluss, dass entweder das Einheitliche Patentgericht oder das nationale Gericht zuständig ist. Es ist hingegen nicht vorgesehen, dass zu einem Anspruch beide Gerichte parallel angerufen werden können. Dies wurde auch gesetzlich durch die Anpassungen der EuGVVO gefestigt und ist somit klar geregelt.

Mit Inkrafttreten des EPGÜ muss sich der Patentinhaber entscheiden, ob er von den Wahlmöglichkeiten des Art. 83 EPGÜ Gebrauch machen möchte. Die Wahl des nationalen Gerichts in der Übergangszeit nach Inkrafttreten des EPGÜ bringt Vor- und Nachteile mit sich. Während man bei den deutschen Gerichten etwa dank des hier geltenden Trennungsprinzips in beiden Verfahren unterschiedliche, für einen günstige, Auslegungen nutzen kann, ist das Urteil weiterhin nur territorial beschränkt. Ob man die Zuständigkeit des Einheitlichen Patentgerichts ausschließen möchte oder nicht, muss im Einzelfall letztlich abgewogen und entschieden werden. Als denkbare Strategie könnte man auf alle europäischen Patente ein Opt-Out registrieren und die Entwicklung des neuen Rechtssystems zunächst beobachten.

E. Fazit und Ausblick

Die Anmeldung eines Patents ermöglicht den Schutz innovativer Produkte und Verfahren. Möchte man einen Schutz in mehreren Ländern, kann ein europäisches Patent in Erwägung gezogen werden. Dabei handelt sich sich um ein zentrales Anmeldeverfahren beim europäischen Patentamt, und gilt in den jeweils angemeldeten Ländern. Bei Erwerb „zerfällt" es jedoch in einzelne nationale Schutzrechte. Die Rechte müssen daher in den jeweils angemeldeten Ländern geltend gemacht werden. Damit ist es bei jeder Klage erforderlich, sich mit den nationalen rechtlichen Gegebenheiten, womöglich in fremder Sprache, auseinanderzusetzen. Auch die Verwaltung vieler einzelner nationaler Patente kann sich als kostenintensiv und zeitaufwendig gestalten. Dies soll sich mit Einführung des europäischen Patents mit einheitlicher Wirkung und dem Einheitlichen Patentgericht ändern.

Nach Abschluss des Ratifizierungsverfahren des EPGÜ kann der Nutzer seine Erfindung als klassisches nationales und europäisches Patent oder als europäisches Patent mit einheitlicher Wirkung anmelden. Anders als das bisherige europäische Patent zerfällt es nicht in nationale Rechte sondern bietet, wie der Name bereits verrät, einen einheitlichen Schutz in allen teilnehmen Mitgliedsstaaten. Um die Gefahr voneinander abweichender Entscheidungen zu senken und die Rechtssicherheit zu erhöhen, wird neben dem europäischen Patent mit einheitlicher Wirkung das einheitliche Patentgericht eingeführt. Nachdem im Dezember 2015 die rechtlichen, technischen und operativen Vorbereitungen für das Einheitspatent abgeschlossen wurden, muss nur noch das Ratifizierungsverfahren abgeschlossen und das Einheitliches Patentgericht errichtet werden. Neun der 13 Staaten haben bislang das Abkommen ratifiziert. Mit dem Einheitspatentsystem ansteht also etwas völlig Neues: ein neues Gericht sowie neue prozessrechtliche und materiellrechtliche Regelungen.

Sobald das EPGÜ in Kraft tritt, werden zukünftig Verletzungs- oder Nichtigkeitsklagen bezüglich Einheitspatente aber auch europäischer Patente ausschließlich vor dem Einheitlichen Patengericht bestritten. Ausschlussmöglichkeiten sollen jedoch verhindern, dass das neue System den Patentinhabern unmittelbar nach Inkrafttreten aufgezwungen wird. So kann der Nutzer in einer Übergangszeit von sieben Jahren nach Art. 83 Abs. 1 EPGÜ weiterhin in Streitfällen bei Bedarf die nationale Gerichtsbarkeit wählen oder nach Art. 83 Abs. 3 EPGÜ ein Opt-Out registrieren. Während in Abs. 1 die ausschließliche Zuständigkeit aufgeschlossen wird, wird in Abs. 3 die generelle Zuständigkeit des Einheitlichen Patentgerichts ausgeschlossen. Beide Alternativen führen dazu, dass weiterhin vor dem nationalen Gericht nach nationalem Recht die Verfahren geführt werden können. Der Ausschluss der ausschließlichen Zuständigkeit des Einheitlichen Patentgerichts bedeutet (mit hoher Wahrscheinlichkeit) auch den Ausschluss des EPGÜ. Nationale Gerichte wenden dann also in Verfahren, mit allen damit verbundenen

Vor- und Nachteilen, wie bisher das nationale Recht an. Es ist gesetzlich auch nicht möglich, dass zu einem Anspruch beide Gerichte angerufen werden können. Parallele Verfahren mit daraus resultierenden unterschiedlichen Ergebnissen wird es daher nicht geben.

Die Wahl des nationalen Gerichts in der Übergangszeit nach Inkrafttreten des EPGÜ bringt Vor- und Nachteile mit sich. Während man bei den deutschen Gerichten etwa dank des hier geltenden Trennungsprinzips in beiden Verfahren unterschiedliche, für einen günstige, Auslegungen nutzen kann, ist das Urteil weiterhin nur territorial beschränkt. Ob man die Zuständigkeit des Einheitlichen Patentgerichts ausschließen möchte oder nicht, muss im Einzelfall letztlich abgewogen und entschieden werden. Neben den Vor- und Nachteilen werden sicherlich viele Nutzer anhand der anfallenden Kosten entscheiden, ob sie die Option der einheitlichen Wirkung nutzen wollen oder nicht. Eine mögliche Strategie in der Übergangszeit, um die Vorteile der einheitlichen Wirkung zu nutzen, wäre die Anmeldung des Opt-Outs, um zunächst die Entwicklung des Einheitlichen Patentgerichts abzuwarten. Eine Umwandlung in ein Opt-In ist jederzeit wieder möglich. Ein Ausweichen auf nationale Patente ist nicht nötig.

All die Überlegungen sind aber bislang theoretische Natur, denn das EPGÜ ist noch nicht in Kraft getreten. Wie ist nun aber der aktuelle Stand? Derzeit laufen noch die Vorbereitungen. Ein konkretes Datum, ab wann die Verordnungen gelten, steht allerdings noch nicht fest. Man hofft, im Sommer 2016 die Vorbereitungen abschließen zu können. Mit dem Wunsch, das Einheitspatentsystem Anfang 2017 starten zu können, ist ein weiteres Ziel 2016 zudem, dass der Ratifizierungsprozess abgeschlossen werden kann. Ebenfalls in Diskussion steht derzeit noch die Anstellung der Richter.[113] Es gibt also noch viele Baustellen, ein Ende ist aber bereits in Sicht. Allerdings wird selbst nach Einführung des EPGÜ es wohl noch eine Weile dauern, bis die Rechtssprechung als sicher und verlässlich empfunden wird. Immerhin gibt es es eine längere Übergangszeit von sieben, vielleicht auch 14 Jahren, um sich mit dem System „anzufreunden".

[113] Vgl. Europäsches Patentamt, Annual Report 2015 - Highlights of 2015, URL: https://www.epo.org/about-us/annual-reports-statistics/annual-report/2015/highlights/unitary-patent.html (Zugriff am 08.04.2016); Unified Patent Court, Report of the 14th Preparatory Committee Meeting, URL:https://www.unified-patent-court.org/news/report-14th-preparatory-committee-meeting (Zugriff am 08.04.2016).

Literatur

Anrtz, Thomas: Weg frei für das Einheitspatent, in: EuZW 2015, S. 544-547.

Benkard, Georg: Europäisches Patentübereinkommen (EPÜ) Kommentar, 2. Auflage, München 2012.

Benkard, Georg: Patentgesetz Kommentar, 11. Auflage, München 2015.

Caliess, Christian; Ruffert, Matthias: EUV/AEUV Kommentar, 4. Auflage, München 2011.

Chudziak, John: Das Verhältnis zwischen zukünftigem Einheitspatent und nationalem Patent mit überschneidendem Schutzumfang und gleichem Zeitrang, in: GRUR 2015, S. 839-845.

Deutsches Marken- und Patentamt: Europäische und Nationale Patente (Stand 15.07.2013), URL: http://www.dpma.de/patent/patentschutz/europaeischeundinternationalepatente/index.html, Zugriff am 08.04.2016.

Deutsches Marken- und Patentamt: Patentinformation, URL: http://www.dpma.de/patent/patentinformation/index.html, Zugriff am 08.04.2016.

Deutsches Marken- und Patentamt: Patentschutz, URL: http://www.dpma.de/patent/patentschutz/index.html, Zugriff am 08.04.2016.

Eck, Matthias: Europäisches Einheitspatent und Einheitspatentgericht - Grund zum Feiern?, in: GRUR Int. 2014, S. 114-119.

Europäisches Patentamt: Annual Report 2015, URL: https://www.epo.org/about-us/annual-reports-statistics/annual-report/2015/statistics.html, Zugriff am 08.04.2016.

Europäisches Patentamt: Annual Report 2015 - Highlights of 2015, URL: https://www.epo.org/about-us/annual-reports-statistics/annual-report/2015/highlights/unitary-patent.html, Zugriff am 08.04.2016.

Europäisches Patentamt: Einheitliches Patentstreitregelungssystem (Stand 29.01.2015), URL: https://www.epo.org/law-practice/unitary/patent-court_de.html, Zugriff am 08.04.2016.

Europäisches Patentamt: Das Einheitspatent ist starklar, Pressemitteilung v. 15.12.2015, URL: http://www.epo.org/news-issues/press/releases/archive/2015/20151215_de.html, Zugriff am 08.04.2016.

Europäisches Patentamt: Geografischer Geltungsbereich europäischer Patente, URL: http://www.epo.org/about-us/organisation/member-states_de.html, Zugriff am 08.04.2016.

Europäisches Patentamt: Rechtsgrundlagen (Stand 22.04.2013), URL: http://www.epo.org/about-us/organisation/foundation_de.html, Zugriff am 08.04.2016.

Grabitz, Eberhard; Hilf, Meinhard; Nettesheim Martin: Das Recht der Europäischen Union - Band I EUV/AEUV, 57. Auflage, München 2015.

Groeben, Hans von der; Schwarze, Jürgen; Hatje Armin: Europäisches Unionsrecht, 7. Auflage, München 2015.

Haedicke, Maximilian: Rechtsfindung, Rechtsfortbildung und Rechtskontrolle im Einheitlichen Patentsystem, in: GRUR Int. 2013, S. 609-617.

Hasselblatt, Gordian (Hrsg,): Münchener Anwaltshandbuch Gewerblicher Rechtsschutz, 4. Auflage, München 2012.

Köllner, Malte: Wieder national Anmelden? Eine Handreichung für Skeptiker des Einheitspatents, in: Mitt. 2013, S. 253-255.

Kraßer, Rudolf; Ann, Christoph: Patentrecht, 7. Auflage, München 2016.

Luginbühl, Stefan; Stauder, Dieter: Die Anwendung der revidierten Zuständigkeitsregeln nach der Brüssel I-Verordnung auf Klagen in Patentsachen, in: GRUR Int. 2014, S. 885-996.

Luginbühl, Stefan: Das europäische Patent mit einheitlicher Wirkung (Einheitspatent), in: GRUR Int. 2013, S. 305-310.

Mes, Peter: Patentgesetz, Gebrauchsmustergesetz - Kommentar, 4. Auflage, München 2015.

Nieder, Michael: Die Patentverletzung, 1. Auflage, München 2004.

Nieder, Michael: Materielles Verletzungsrecht für europäische Bündelpatente in nationalen Verfahren nach Art. 83 EPGÜ, in: GRUR 2014, S. 627-633.

Nieder, Michael: Strategische Überlegungen zum Einheitsregistereintrag und zum Opt-out in der EPGÜ-Übergangsphase, in: GRUR 2015, S. 728-731.

Osterrieth, Christian: Patentrecht, 5. Auflage, München 2015.

Pitz, Johann: Patentverletzungsverfahren, 2. Auflage, München 2010.

Preu, Bohlig und Partner Rechtsanwälte: Die Zuständigkeitsverteilung zwischen den nationalen Patentgerichten und dem Einheitlichen Patentgericht im Übergangszeitraum nach Inkrafttreten des EPGÜ, URL: https://www.preubohlig.de/deutsch/eu-patent/Papier.pdf, Zugriff am 08.04.2016.

Schröer, Benjamin: Einheitspatent - Überlegungen zum Forum-Shopping im Rahmen der alternativen Zuständigkeit nach Art. 83 Abs. 1 EPGÜ, in: GRUR Int. 2013, S. 1102-1109.

Tilmann, Winfried: Einheitspatent und Einheitliches Gericht - Rechtliche und praktische Fragen, in: VPP-Rundbrief 2013, S. 56-60.

Tilmann, Winfried: The Transitional Period of the UPCA, in: Mitt. 2014, S. 58-65.

Ullrich, Hanns: The European Patent and Its Courts: An Uncertain Prospect and an Unfinished Agenda, in: IIC 2015, S. 1-10.

Unified Patent Court: Impact of the UPC, URL: https://www.unified-patent-court.org/faq/impact-upc-0, Zugriff am 08.04.2016.

Unified Patent Court: Interpretative note – Consequences of the application of Article 83 UPCA vom 29.01.2014, URL: https://www.unified-patent-court.org/news/interpretative-note-—-consequences-application-article-83-upca, Zugriff am 08.04.2016.

Unified Patent Court: Opt-out and choice of forum during a transitional period, URL: https://www.unified-patent-court.org/faq/opt-out-and-choice-forum-during-transitional-period-0, Zugriff am 08.04.2016.

Unified Patent Court: Report of the 14th Preparatory Committee Meeting, URL: https://www.unified-patent-court.org/news/report-14th-preparatory-committee-meeting, Zugriff am 08.04.2016.

Unified Patent Court: UPC Court Fees and Recoverable Costs, URL: https://www.unified-patent-court.org/sites/default/files/agreed_and_final_r370_subject_to_legal_scrubbing_to_secretariat.pdf, Zugriff am 08.04.2016.

Weiden, Henrike: Aktuelle Berichte – Februar 2010, Annährung beim EU-Patent, in: GRUR 2010, S. 119-120.

Weiden, Henrike: Aktuelle Berichte - September 2015, Jahresgebühren für das EU-Patent stehen, in: GRUR 2015, S. 860-861.

WIPO: PCT FAQs - Stand April 2015, URL: http://www.wipo.int/export/sites/www/pct/de/basic_facts/faqs_about_the_pct.pdf, Zugriff am 08.04.2016.

www.ingramcontent.com/pod-product-compliance
Lightning Source LLC
LaVergne TN
LVHW050818051026
849532LV00008B/3022
* 9 7 8 3 6 5 8 2 0 4 4 8 8 *